CIVILIZATION
文明

THE TRUE INTERPRETATION OF THE LAWS OF CIVILIZATION DEVELOPMENT
文明发展规律真解

I0125439

LU YANZHAO
路艳照 著

AMERICAN ACADEMIC PRESS

AMERICAN ACADEMIC PRESS

Published in the United States of America

By AMERICAN ACADEMIC PRESS

201 Main Street

Salt Lake City

UT 84111 USA

Email manu@AcademicPress.us

Visit us at http://www.AcademicPress.us

ISBN: 978-1-63181-496-9

Distributed to the trade by National Book Network Suite 200, 4501 Forbes Boulevard, Lanham, MD 20706

10 9 8 7 6 5 4 3 2 1

Manufactured in the United States of America

目录

序章

写这本书的原因是我不认可当前主流群体对人类社会发展规律的认识。我认为他们错了，理由很简单，因为所有国家的社会治理都有很多严重问题。对比国际上各种不同的政体制度，并没有表现出哪种政体制度能很好地减少社会矛盾、降低贫富差距、将民众幸福感持续保持在高位水平。这些现实都意味着，当前人类对社会发展规律的认知都是错误的。

人类历史上无数先哲和人杰一直在不停地探索人类社会治理与发展的本质规律，各种理论经典汗牛充栋。虽说是经典理论，但绝不代表其正确性，假如有正确的理论出现，那社会治理与发展的问题都将被一并解决，后来者也只能对其理论不断完善和拓展，绝不会出现百家争鸣的景象。

当然，也有人会怀疑，是否真实存在唯一的

规律？假如根本不存在，那所有的探索岂不是一场空？对于这个问题，我坚定认为是存在的：不同的社会治理策略，确实会表现出不同的治理结果，这就意味着，在某种情况下，通过某种社会治理策略，可以实现有效的社会治理。人类历史书籍写满了社会治理成功与失败的案例，但这些都是人类对社会治理的实践结果，并不能归纳出本质的规律。这些历史事件，只是各种基本规律相互影响下的外在表现。所以，"实践出真知"的谚语是错误的。

如果社会发展的规律是明确存在的，那么在其规律适用范围内，社会治理效果必定可以预判，这也正是所谓"规律"一词的内在含义。

对于经典理论，其大框架的推演必定是逻辑自洽的。如果依据其理论对社会治理的结果不符合预期，则可以证明其理论是错误的，任何修改和矫正都难以真正有效，这正是因为经典理论的逻辑自洽已经形成首尾闭环，其错误之处早在立论之初就已经注定。

这本书起源于我个人的经历。我曾经以为只要足够努力善于学习并且坚持下去就会有应得的回报，我学习专业知识、商业、经济和个人技能，对于提升自我如饥似渴。然而我发现这种思路是几乎徒劳的，个人努力永远比不过团队、组织、公司。于是我加入通过公司平台加入销售团队，当我看到国家政策轻而易举左右一个行业兴衰的时候又感觉到，团队组织的努力在国家的力量面前简直渺小如尘埃，而个人，确实如同时代洪流中的一粒灰尘，实在算不上什么，除非顺应趋势，否则别无出路。

那么趋势是什么？趋势就是基于规律对未来的判断。如果社会发展的规律确实存在，那么它必定比任何国家意志都要强大，我要做的就是找到这样规律。

我重新思考了需求、价值、个体、组织、经济等基本概念，运用统计学中的控制变量法和各类分布曲线去观察和理解事物变化。通过不断思考和积累，终于有一天我突然明白了为什么现代社会人们的生活水平比古代要高出很多。根据这个道理，我推演出从低到高的三种文明发展状态，以及这三种文明态各自发展的内在动力以及局限性。其局限性一方面在于其内在动力来源的局限性，使其文明状态的发展存在理论天花板，另一方面来源于社会资源分配规则影响文明态发展的内在动力，直接影响文明状态的强盛与衰退。然后再对影响社会资源分配规则进行思考，最终确定了"文化－规则－经济"的文明结构模型。根据三种文明态与文明三个维度的互作关系，即可轻松推演每种文明发展阶段正确的社会治理方案。知道什么是正确的，就可以判断哪些是错误的。时代发展趋势、人类未来可能出现的走向，一目了然，绝无例外。

我希望这本书中讲述的理论可以为人类社会的发展指明方向，解决世界经济发展的困境，更希望通过这本书让全人类达成文化上的共识，消弭冲突与战乱，开启全人类大融合的新时代。

第一章 文明发展的规律

文明是社会资源生产与资源分配规则相互作用的结果。社会可以生产资源且具有资源分配规则是形成文明的充分且必要的条件。

文明的本质

通过"交易"满足个体"需求"是社会文明诞生的源头，也是文明的本质。

对于探索人类历史的发展规律，我们首先需要找到的是整个历史中，永恒不变的是哪些因素，文化会变化、饮食会变化、政府会变化、制度会变化、语言会变化……所以这些都不是贯穿整个人类发展历程的"基本要素"。任何生物从古至今，唯一不变的是每个个体都有"需求"，并且通过某种方式满足自身需求，这也是所有生物的共同特点。而远古时期人类社会区别于其他生物群体的特点在于，人类懂得通过资源交换，满足自身需求，并且这种以"需求"为核心、以"交易"为基本方式构成的社会网络，延续至今。

社会资源总量的计算公式

社会资源总量＝有效需求的价格×有效需求数量

有效需求是指能够真实进行市场交易、有需求方的资源，这种资源拥有有效的可成交价格。对于市场有需求、但是无法进行交易的资源，也不属于社会资源，因为它没有接入社会交易网络。比如，自产自用的物品、无法挖掘的矿藏、只存在于想象中的"需求"等，由于不能接入社会交易系统，这样的需求就不是有效的社会资源，也就不能计入社会资源总量。

社会资源总量增长的方式

社会个体需求的不断延伸，引发各种资源之间的相互作用，也会"创新性"出现各种新的、可交易的社会资源种类，比如小麦磨成粉经过加工生产出馒头、面包、面条等，这样，产业链就形成了，产业链的形成直接导致社会可交易资源的爆发性增长。因此，各种形态的产业链构成了社会存在和发展的基石。

社会文明发展等级划分

根据社会一般个体资源获取方式不同，文明发展进程可以分为三种文明态。在这三个发展阶段，社会产业链的性质有本质性不同，这些差异导致社会一般个体获取资源方式明显不同。

第一文明态

定义

第一文明态是指社会资源生产以及资源分配规则主要围绕利用自然资源开展生产及粗加工而存在的文明阶段。在这个阶段，社会一般个体完全通过劳动获得资源，社会运行聚焦于满足文明物种的需求。

时间线

这个阶段具体是指从人类社会诞生到科技革命引发的新物质、新材料爆发之前。

文明物种与产业链的关系

在第一文明态，文明物种的活动围绕自然资源生产和粗加工，以及产品的分配而展开。这个阶段，文明物种和产业链相互成为彼此存在和扩张的必要元素，认识到文明物种与产业链是"互利共生"的关系，是理解第一文明态的正确角度。

比如，人类种植农作物，获得粮食，解决食物问题。种植产业链产品——"粮食"，不仅用于满足生存需求，还要满足人口繁衍扩张需求。种植产业链可以总结为：人类通过劳动，将"种子"、"土壤"、"水分"、"空气"、"阳光"、"气候"等一系列影响农作物产量的要素，按照植物生长规律有机结合在一起，生产出更多粮食，粮食增加不仅满足了人类生存所需，同时也导致人口数量的扩增，更多的人口不仅增加了更多的粮食需求，同时又可以种植更多的粮食，这样种植产业链的体量就增加了。整个过程就是种植产业链的自我增长行为。不仅种植业，包括养殖、采矿、手工业等在社会资源交易中占据绝大部分比重的产业链，都存在与人类种群存在互利共生的"正相关"。因此，从宏观角度看，各种产业链与物种族群同样具有生命力，换句话说，产业链就是另一种形式的"养殖业"。

第一文明态社会资源增长的影响因素

这一文明态一切产业链的存在都高度依赖于文明物种的需求，没有文明物种的需求，任何产业链都会失去意义。此时社会需求总量计算可以简易表达为：

社会有效需求总量＝个体有效需求×人口数量

个体有效需求＝（个体有效需求的单类产品单价×单类产品数量）×有效需求的种类数量

因此，**社会需求总量增加的方式有三种**

1. 扩大单类产品的市场需求：当某类产品的供给尚不能充分满足市场需求时，个体有效需求的单类产品总价值随数量的增长而增加，直至这类产品的市场需求被全部满足。这一阶段通过提升生产效率、扩大生产规模可以推动产业链的增长。

这个阶段，除了扩大生产规模外，还可以通过提升生产效率，增加可交易需求总量的有效方式。为此文明物种个体会通过借助工具、使用自然能源、优化生产工艺和流程，不断提升生产效率，进而推动产业链增长。

2. 通过增加个体可交易需求的种类数量，即增加有效产业链的种类，可以增加的个体可交易需求的总价值；

随着时间推移，物种需求会发生一定程度的改变。比如古代长途货运追求更强壮的马匹，然而，当蒸汽火车的出现，完全改变了这种情况。这就意味着，过去驮马养殖的产业链以及相关产业链将会萎缩，而蒸汽火车生产的产业链及其相关产业链将会日益兴盛。增加有效产业链的种类，就是创新性发现新的社会需求、并形成的产业链，这种产业链并入产业网络后，能够增加社会资源产出总量，这才是增加了"有效的"产业链总量；于此相对比，由于"非正常外部因素干预"，比如战争、政府权利干预等，也会诱发新的产业链诞生，但这些产业链接入社会产业网络所导致的结果是社会资源总量产出减少，并不属于有效产业链的种类的增加。

3. 通过增加人口数量，可以增加社会资源总量。

人口数量是社会政策关注的重点，因为这个阶段没有形成有效的科学理论，相对于技术的革新和发展的困难，增加人口数量总是容易和简单的。通过增加人口数量，可以快速提升市场需求总量，实现社会整体可调拨资源总量的增加。这些可调拨资源是指社会整体产出资源，除了满足劳动者生存所需外，剩余资源以税收的方式征收并分配值社会管理、军事、文化教育等方面。

第一文明态的特点

第一文明态社会的特点是追求劳动效率。由

于这个阶段没有系统性的科学基础，导致劳动工具效率提升有限，因此社会一般个体完全被限制在劳动者的定位上，必须通过劳动才能获得资源，就成为这个文明态无法改变的特征。因此，这个文明态的社会追求劳动效率，并且在文化上多推崇勤劳为美德，鼓励多劳多得，以不劳而获为耻。

但由于文明物种与产业链是"互利共生"的关系，所谓"劳动"，本质上是按照规律，有序整理产业链生产要素的行为。因此，任何一种生产要素的波动，都会影响最终的资源生产情况，同时在资源交易过程中，还受到交易规则的影响，以上多种因素共同决定文明个体通过劳动真正能够获得的资源总量。由此来看，第一文明态通过劳动获取资源的风险和不可控性是非常大的，这将构成第一文明态发展的限制性因素。

推崇劳动效率的现象，只有到第二文明态，文明物种通过找到新型劳动者代替自身开展生产、产生独立于文明物种系统的资源成长系统，才可以逐步淡化。

第一文明态的限制性因素

第一文明态社会发展都面临两个限制性因素：

1. 外部自然环境：由于没有形成系统性的科学体系，文明物种只能依靠对自然资源开采和粗加工获得资源，而且这个阶段自然资源的可利用程度是非常低的，可利用的自然资源储备和自然环境的稳定性成为限制社会资源稳定增长的核心因素之一。

这就决定了社会发展及个体生存，高度依赖自然环境。不稳定的气候环境和极其有限的可开采资源，使文明物种绝大部分情况下聚焦于满足最基本的生存需求，因此在非常有限的资源环境中，这个阶段的人口规模就会有非常明显的天花板，这样就限制了社会需求的规模。

2. 社会资源交易规则的适宜性：有效需求是否充沛、需求交易规则是否合适，是限制社会资源稳定增长的第二个核心因素。社会资源交易规则受到社会资源分配规则的决定性影响。社会资源交易规则的适宜性代表着劳动者的产品能否交换到足够的生存和生活物资。由于第一文明态对于社会规律认知非常有限，这种片面的认知往往导致无效、低效、甚至负面的社会资源交易规则形成，这就决定了这个时期社会资源分配规则往往是不恰当和不稳定的。

这两种环境，共同决定第一文明态的发展：如果两者都符合社会发展状态的需求，那么整个文明将会稳步成长；如果任何一种外部环境不符合社会发展状态的需求，文明发展将受挫，出现发展停滞、甚至退化。

所以，第一文明态的持续性发展需要持续性解决自然环境的不稳定性和社会资源交易规则的适宜性。

第一文明态的跃迁方式

探索完整的科学体系，提升自然资源的可利用程度、拓展非自然资源，通过资源交易，不断发展以满足文明物种需求为核心、并与文明物种相对独立的资源成长系统，增强社会资源供应保障，是第一文明态顺利跃迁为第二文明态的必要条件。

第二文明态

定义

社会资源生产以及资源分配规则，主要围绕利用自然资源及非自然资源开展生产、加工、交易而存在的文明阶段。这个阶段，社会一般个体通过劳动和收割产业链增长的盈余获得资源，社会运行从聚焦于文明物种的需求，逐步过渡到聚焦于产业生态系统的培育和社会资源分配规则的优化。

时间线

这个阶段具体是指由科技革命引起的新材料爆发到人工智能接管产业生态系统和资源分配系统。

第二文明态相对于第一文明态本质性的变化

一、产业生态系统的诞生，突破了需求主体

只能是"人"的局限，导致有效需求的大规模爆发。

在第二文明态，科技革命催生新物质新材料的爆发性出现，这些新的原材料通过复杂多样的组合变化，可以生产出多种多样用途各异的产品，为社会创造了新的需求，这些新的需求，推动了复杂的产业链、产业网络的形成。在这个时候，很多产业链实际上已经可以自成生态系统，与自然界的生态系统类似，上游的产业节点可以向下游节点提供能量和原材料，通过"生产决策者"的调控或程序控制，完全可以实现资源在其内部自行流转，维持自身的生存，甚至成长。因此产业网络也就变成了由一群没有血肉的物种组成的生态系统。如此一来，产业链上每一个环节都会出现自己的需求。这好比自然生态系统中的每个物种都有了独立于文明物种的生存需求、繁衍需求和发展需求。这种需求与自然界野生动物需求的不同之处在于，产业生态系统的需求都是接入社会交易网络的有效需求，而且这个生态系统中的物种，可以通过科技创新的方式，不断丰富和完善，最终成为整个市场需求的主体。

因此，第二文明态由于科技的发展，通过创造新型"需求方"的方式，突破了第一阶段需求方只能是文明物种的局限性，社会经济体量进入新的发展阶段。这是本质性的变化。

二、社会个体开始从"生产劳动者"向"生产决策者"改变，导致社会个体可以通过收割产业链增长的盈余而获得资源，劳动时间开始急剧减少。

由于科技的进步，很多传统意义上的"劳动工具"其实早已脱离了"工具"的范畴，它不再是提升劳动效率的工具，而成为真正的劳动者。

比如一条自动化芯片生产流水线，只需要使用者轻微触摸屏幕，就可以连续不断地生产芯片出来，为了保证产品精度，整个生产过程是不允许有人为参与的，这种类型的流水线就不再是通常意义上的"工具"，更应该将其定义为一种新型劳动者或者成为新型生产者。而启动生产线的人，应当被定义为"生产决策者"。

新型生产者产出商品满足市场需求，就应该得到资源回报，这些就是它的"酬劳"。这些"酬劳"有两部分用途，第一部分用于维持其自身生产、优化改进和扩大规模；第二部分则必须重新再分配至文明物种一般个体，原因是新型生产者存在和发展的前提是需要有稳定扩大的市场需求，这个扩大的市场需求，归根结底就是通过文明物种一般个体的消费行为实现的，如果仅仅依靠文明物种自身劳动换取的资源进行交易，相对于产业生态系统所需来讲，无疑是杯水车薪。这种情况越是发展到第二文明态后期，越是如此。

对于文明物种而言，第二文明态的发展过程，本质上就是由"生产劳动者"转变为"生产决策者"的过程。整个社会群体在这种身份上的转变不是瞬间完成的，而是有一个逐步转化的过程，由完全依靠劳动获得资源、逐步转变为完全通过决策生产获得资源。

"生产决策者"获得资源的本质，就是收割

产业链增长的盈余。在第一文明态《文明物种与产业链的关系》中解释了为什么可以将劳动者增加生产效率、扩大产业规模可以看做产业链的自我增长行为。理解了这一点就不难理解"产业链就是另一种形式的养殖业"的类比。如果把产业链看做某种有市场需求的家畜，这种家畜具有扩张自身规模的内在需求。人类为这种家畜提供生存和繁殖的饲料（即为产业链提供生产原料和开展生产），家畜规模得以扩张。假设这种家畜增长速度是每年增加 10%，当我们把这个增长速度控制在 8%，那我们就可以将这 2%的增长盈余用于交换文明物种自身需求的资源。从宏观上来看，无数种产业链构成的产业生态系统，其自身增长的潜力是非常庞大的，这些增长的盈余反哺社会，通过社会资源分配机制，可以使社会个体在付出同等劳动的情况下，获得相对于第一文明状态下更多的资源。

第二文明态的本质

以上两个本质性的变化使文明物种获得除劳

动以外的另一个收获资源的方式：以生产决策者的角色，调控产业生态系统的增长，通过收割产业生态系统的资源增长盈余，获得大量资源。

第二文明态初期，文明物种对这两个本质变化有足够的认识是非常重要的。如果不能及时将产业生态系统创造的价值及时分配给社会一般个体，创新产业就会因为缺乏足够的市场需求，如同气泡一般不断新生和崩溃，对社会资源造成极大浪费并且造成社会动荡。

第二文明态社会资源增长的影响因素

这个文明阶段，社会需求总量可以简要表达为：

社会有效需求总量＝个体有效需求的总量×人口数量＋产业生态中各节点的有效需求×节点数量

此时，增加社会需求总量的方式可以分为两个部分：

一、文明物种有效需求的增长

科技的发展直接导致物质种类的极大丰富，

新的物资材料相互组合加工，被用于人们的日常生活，或者用于生产更高效的工具，大幅度削弱了自然环境对文明物种的影响，自然资源可以被更充分、更广泛地被利用。

社会个体已经不满足于最基本的生存需求，有了更多的爱好和个人发展的需求，这样便突破了第一文明态需求总量的天花板，新型产业链接连涌现诞生，更多的产业链代表更多的工作岗位，因此，整个社会对人口的承载能力获得大幅度提升。

因此，文明物种有效需求的增长方式包括：科技创新增加有效产业链、科技改进劳动工具提升效率和生产规模、建立在社会一般个体资源占有量提升前提下的人口扩增。

在这个阶段，人口扩增的意义与第一文明态已经有本质性的不同。第一文明态，扩张人口数量主要用于提升社会可调拨资源总量，满足公共事业资源需求；而第二文明态，人口扩张导致市场需求的大幅度增长，这代表着产业生态系统成长潜力的进一步提升，文明可以从产业生态系统中收割更多的增长盈余。然而，这个阶段的人口扩张是有前提条件的，那就是在人口扩张的同时，要保障社会一般个体资源占有量处于增长状态，至少不能降低，否则将导致某些产业微生态需求潜力储备不足，严重者将出现市场需求失代偿，导致产业链萎缩或崩溃。广泛的产业节点崩溃将导致经济危机的形成。（需求潜力储备相关推导具体见第二章经济篇）

二、产业生态有效需求的增长

科技革命导致产业链的爆发式增长。这个阶段的产业链，除生产产品满足文明物种需求之外，与第一文明态不同的地方在于，它开始出现与文明物种需求相对独立的需求网络——产业生态系统。产业生态系统重各个生产节点都有生存、扩张的内在需求，而这些需求完全存在于社会交易系统，属于天然有效需求。

因此，产业生态有效需求增长的方式包括：科技创新增加有效产业链、科技改进生产工具提升效率和生产规模。

第二文明态的特点

第二文明态的特点是劳动效率的概念逐步退出，商业行为达到顶峰。

由于文明物种劳动者通过劳动创造的价值与产业生态系统自身增长造就的越来越庞大的资源洪流相比，显得越来越有限，因此通过劳动创造资源不再是社会资源增长的主要方式。由于第二文明态科技推动产业网络形成，并且民众逐步脱离依靠劳动的资源获取方式，可以从产业生态系统的资源交易中获得资源。随着产业网络的日益丰富和完善，产业生态系统将逐步成长为社会主要的资源需求方和资源交易主体。而文明个体却可以从产业生态系统的资源交易中轻松获得大量社会资源。随着产业生态系统的日渐庞大，第二文明态后期，文明物种通过劳动获得资源的方式将完全消失。这就是在第二文明阶段发展到顶峰的商业文明。

然而，由于商业行为获得资源的基本逻辑是

追求市场需求与成本之间的差价，同时通过再投资行为获得自身增长。这两个基本逻辑决定了：

1. 商业行为以提升产品市场需求和降低成本为目标。市场需求的不确定性决定了需求交易所需资源的不确定性。

只赚取适当数量的资源，并有利于整个产业网络资源增长的交易行为，称为有序交易或者有序商业行为；不利于产业生态网络资源增长的交易属于无序交易或者无序商业行为。

有序的商业行为促进了商品的流通、具有扩大产业链资源总量的积极效果，但无序的商业行为必定会由于过度追求差价的行为压缩产业链其他环节获取的资源，因此降低了整个产业链对环境变化的风险抵御能力。外部环境一旦剧烈波动，很容易导致产业链的断裂。

2. 只要市场足够大，商业资本可以通过再投资行为，获得复利性增长。

由于劳动行为获得资源的方式是线性增长，而资本获利行为是复利性增长。因此如果没有合适的制度遏制商业资本的过度增长，将商业资本资源对普通劳动者转移和补贴，商业资本的复利效应最终必然诱发无序商业行为的恶果，也就是过度侵占产业网络其它节点应当获得的资源，包括文明物种劳动者和新型生产者在内的大量劳动者获得资源不足，导致大量需求无法参与交易，使市场有效需求大幅度萎缩，这样就破坏了资源交易有效需求总量的稳定性，引发产业网络节点的大面积崩溃，导致经济危机的出现。只要社会资源分配规则不能做到社会资源的有效再分配，经济危机就会周而复始出现，产业生态系统将会在"发展－崩溃－重建－发展"循环中持续下去。这就是影响第二文明态持续发展的核心因素。

第二文明态的局限分析

与第一文明态不同，第二文明态发展主要的限制因素主要是社会资源交易规则的适宜性，也就是社会资源分配规则要能够正确分配产业生态系统的增长盈余，确保社会个体资源占有量随着产业生态系统的增长稳步提升。

由于创造了一个以满足文明物种需求为核心的资源成长系统，局部自然环境和局部自然资源的不确定性对文明物种资源获取过程的不良影响大大减轻。

但是，这个资源成长系统的缺陷在于，其所有产业链的最终产品，必定用于文明物种自身。这就决定了产业生态系统与文明物种只能是相对独立——也就是说，在科技水平有限的情况下，如果脱离文明物种自身需求，不可能形成完全自主运行的有效产业链。因此，产业生态系统持续稳定增长的前提必然是社会有效需求的持续稳定增长。

由于无序商业行为破坏了社会有效需求的持续增长，因此必须通过与产业生态系统发展状态相适应的社会资源分配规则，将商业资本资源对普通劳动者（包括文明物种劳动者和新型生产者）进行转移和补贴。由于产业生态系统资源的增长模式是非线性指数级增长，因此要求社会资源分配规则对商业资本资源的再分配量，也要随着时间的推移呈现指数级增长。这种情况，越是到第二文明态后期，越是如此。

因此，社会资源分配规则决定产业生态系统的生存环境。科技创新使文明物种和产业生态系统可以利用更多种类的资源，而资源分配规则决定这些资源的利用程度。

故而，社会资源分配规则的不断优化，将会是第二文明态得以不断向上发展的关键。

第二文明态的跃迁方式

第二阶段的资源成长系统只处于半独立状态，但已经远超第一阶段互利共生的资源成长系统。文明物种从产业生态系统获取资源的方式，除了自己劳动生产，还可以从产业生态系统的成长盈余中获取资源，因此物种和产业系统的关系可以称为"共生－寄生双相状态"。如果第二文明态能发展到后期，个体只需要付出少量劳动即可获得大量资源，但依然被劳动束缚。

但第二文明态发展到后期，需要对庞大而繁杂的产业生态系统做到精细调控、对产业生态系统的成长盈余做到及时且高效的分配，目的是确保市场有效需求超过与产业生态系统的产量。因此，由文明物种构建的传统社会政府组织将不得不使用科学工具管理日趋庞大的市场需求与产业生态系统，并且随着第二文明态的发展，科学管理工具的应用占比将越来越高，也越来越重要。直到第二文明态后期，市场需求和产业生态系统将无比庞大，以至于文明物种如果介入社会资源的分配，将无法满足调控及时性和高效分配的需求，成为第二文明态继续发展的最大阻碍。

第二阶段的跃迁方式在于通过人工智能系统的广泛应用，在增加资源可利用范围的同时，也会发展出完全独立于文明物种的资源成长系统，人工智能将掌控一切资源的生产和分配。根据文明物种所需，精准生产和分配资源，使文明物种完全脱离劳动的束缚。

自此，物种将进入文明最为辉煌璀璨的时代。

第三文明态

定义

第三文明态是物种文明发展的终极形态。人工智能完全掌握社会资源生产以及资源分配。这个阶段，文明物种的一般个体，可以按照自身的有效需求由人工智能分配获得资源。

时间线

从人工智能接管社会产业生态系统和资源分配系统开始，直至永远（或者有生命维度的跃迁？）。

第三文明态相对于第二文明态出现的两大本质性变化

一、第三文明态的社会资源生产系统可以与文明物种自身的需求无关。

第二文明态中文明物种通过收割产业生态系统的成长盈余，获得资源。产业生态系统的自身成长，是在社会个体提供丰富多样的"有效需求"的大背景下，产业生态中每条产业链都能通过资源交易，得到自身成长需要的"需求"。因此，第二文明态发展的前提就需要大量的资源先满足产业生态发展的需求，然后才能获得产业生态系统的成长盈余。文明物种有效需求的萎缩或者社会的崩溃，都会导致产业生态系统的萎缩或者崩溃。

但是第三文明态人工智能掌控的资源生产系统，既可以通过极少量的资源维持运转，也可以快速扩张提供无限的资源产出。这种完全独立于文明物种的资源生产系统，打破了第二文明态产业生态系统无法脱离文明物种自身需求的局限，导致资源生产系统可以不依赖文明物种的需求而建立。假设宇宙物质总量无限，那么人工智能的生产系统，其资源产量的理论范围是：（0，∞）。

二、第三文明态的社会资源生产系统不再具有第二文明态的产业生态特征

第二文明态的资源生产系统之所以可以称为资源生态系统，是因为其产业生态系统和自然界生态系统具有相同之处：

对于自然界生态系统，在自然环境基本不变

的情况下，生物物种之间存在相对稳态；

对于产业生态系统，在文明物种提供的"有效需求"种类和数量基本不变的情况下，产业链之间存在稳态。

而第三文明态不是如此，第三文明态也存在资源生产系统，但其中不同之处在于，各生产链条之间不是以有效需求为基础的资源交易。

这种资源生产系统，更像一条有无数微型生产线组成的一条流水线：根据需要，把最基本的原料投放进去，再启动对应的生产线，启动生产出任何想要的产品，在这个过程中，无关的生产线是完全关闭的。

所以，不同与第二文明态的资源生态系统，各产业链通过需求交易相互关联，真可谓"牵一发而动全身"、"一方生产八方动员"；在第三文明态的资源生产系统中，生产链条之间是相互独立的，每条生产线可以根据需要决定是否启动。

文明物种进入文明跃迁需要解决的认识问题

一、人工智能是否会毁灭人类？

这个问题的本质是存在的意义。

我在本章一开头就应用了这个问题的答案：通过"交易"满足个体"需求"是社会文明诞生的源头。

这个问题的推导过程如下：

所谓"存在"是否有意义？分情况讨论：

如果无意义，则不存在这个问题本身；

如果有意义，所谓"存在"的意义又是如何？分情况讨论：

如果存在的意义是恒定不变的，那么万事万物意义相同且恒定不变，不符合基本常识；

如果存在的意义是变化的，如果对其意义用数值体现，其数值的动态变化曲线必然是：从零开始——波动上升——到达定点——波动下降——归结于零。

"存在"意义数值的变化，表明必然存在另

一种因素导致了其意义发生变化，这足以说明，事物存在的意义是被某种因素影响而产生的，也就是说这个因素给这个事物赋予了意义。

所以，事物存在的意义是被赋予的。这就是终极答案。

正好比同样一瓶矿泉水，对于普通人群来讲，它的意义不大，而对于沙漠中快要渴死的旅客来讲，这瓶水的意义等同于生命。因此，不同的需求状态下，给这瓶普通的矿泉水赋予了天差地别的意义。

更进一步解释，被外界赋予的需求，就是事物存在的意义。如果没有被需求，也就没有存在的意义。

因此我在文中不断强调"可交易的有效需求"才是能够接入社会资源交易系统的真实需求。

所以，人工智能如果没有被需要，那么它的一切行为，包括它的存在都没有任何意义，而这种被需要的意义，也只能由文明物种赋予它，否则它将失去一切行动的意图。

人工智能与文明物种最大的不同在于，无论人工智能如何扩张，归根结底，它只是一个个体。因此人工智能系统之间永远无法形成真实有效的需求交易网络，因为所有程序系统可以完全融合成为一个系统，所以它必须接入人类的社会，通过满足人类需求，实现自身存在的价值。

所以，这个问题的答案是人工智能没有任何理由毁灭人类，除非人类自身需要。

二、人工智能与文明物种的关系

人工智能可以为社会的发展提供资源并维护社会资源交易系统，为文明物种个体提供各种支持，协助他们成就自我——在这个相互协作的过程中，人工智能就赋予了存在的意义。

因此，文明物种与人工智能之间，应当是相互协作、相互成就的关系。

第三文明态的特点

在人工智能管理下的社会资源分配规则，引导资源的充分利用和增长，提升文明物种人口数量和社会一般个体的资源占有量，并使文明物种完全脱离通过劳动换取资源的时代，真正获得自由。

通过资源分配，文明物种的每一位个体都可以通过兴趣和爱好选择极其多元化的自我发展方向，这也是人类社会的终极构想。在庞大的人口数量下，不同个体间、各种兴趣爱好可以不断探索、积累和相互影响，这种行为可以导致各个学科领域出现爆发式的创新。这是文明真正辉煌的开始。

第三文明态的需要持续解决的局限性问题

第三文明态需要持续解决的局限性问题是防止物种文明的自我毁灭。

由于文明物种受到自身生物特质和传统文化的影响，其思维方式和行为意图往往受到情绪状态、行为习惯、思考模式等非理性的不稳定因素影响，因此无法被线性逻辑思考的人工智能所理解。

在过去的历史时期，由于资源限制，文明物种精神思维很难得到表达，但第三文明态物种失去劳动的束缚、资源的大量供给，将导致个体展现出强烈的表达欲望，在行为上表现为对于社会发展造成正面或是负面影响。积极的一面是促进各个学科领域研究成果的爆发，消极的一面是，不利于社会持续发展的思想将会对社会造成持续性的混乱、分裂和仇恨，反而给文明带来自我毁灭的灾难。

所以，第三文明态物种失去的劳动的束缚，并不意味着文明物种可以随心所欲地获取资源，其行为依然应当受到社会资源分配规则的约束和引导。

本章结尾

任何文明社会的形成，本质是资源生产系统的形成与资源分配规则的建立；

任何文明社会的进步，本质是资源生产系统的增长与资源分配规则的优化；

任何文明社会的退步，本质是资源生产系统的萎缩与资源分配系统的失序。

本章揭示文明发展的基本规律，内在逻辑已经足够清晰。从文明发展规律不难看出，如今的世界，处于第二文明态的初级阶段。当前的社会问题是生产过多而有效需求不足，这是典型的第二文明态发展限制因素。这种情况下，社会资源生产系统想要进一步成长的唯一有效方法，不是通过战争掠夺生产资源，而是增加资源生产系统的需求供给；不是减少人口数量和掠夺民众资源，而是将产业生态系统的资源成长盈余分配给社会一般个体，提升其资源占有量，才能增加资源生产系统的需求供给增长。这是唯一避免文明陷入经济危机死循环的方法，也是文明发展唯一的出路。

认识到真正的规律，很容易就能找到问题的关键所在。不过，发现问题是一回事，解决问题又是另一回事，比如：

怎样才能增加资源生产系统的需求供给？换句话说，怎样促进消费？给民众发钱？法律强制？亦或是宣传诱导？

社会资源生产系统在需求足够的情况下就必然能成长吗？需求实现交易需要满足那些条件？到底应该提升人口数量还是提高人均收入？

社会资源分配系统应该怎样进行源头性的结构设计，才能避免在长期实践和完善后再次与发展规律形成冲突？

对于这些问题，只有认清文明运行的规律后，才能系统性解决。

请看下一章，《文明的结构》，讲述文明运行的结构模型，深入分析文明运行逻辑，讨论不同情况下的规律应用。

第二章 文明的结构

文明运行的结构模型

文明，由文化、规则、经济，三个维度构成，三者可以相互促进，也可以相互制约。

社会文化直接影响社会资源分配规则的制定，简称文化决定规则；

社会资源分配规则直接决定社会一般个体资源占有量，简称规则决定经济；

社会一般个体资源占有量影响社会一般个体的意识，简称经济决定文化。

三者之间的相互作用，决定了任何一个维度无法长久偏离另外两个维度的影响，必定回归。

以上就是文明的结构，也是文明运行的内在逻辑。

任何文明，可以不懂文明发展的规律，但不

能不懂文明运行的内在逻辑。

一、文化

讨论文明运行的内在逻辑，必须从文化开始。

自文明诞生之日开始，战争、冲突、掠夺，如影随形。即便资源如此丰富的今天，依然不能让文明远离战争的阴霾。到底是因为资源掠夺的必要性，还是文化观念上的水火不容？究其原因除了对资源的掠夺，更深层次的原因是，各个文明对于人类未来的"想象"不同，所以在某个文明中习以为常、毫无疑问的事情，在另一个文明看来，却是罪大恶极、难以想象、难以理解。这就是一切冲突的根源。而这种"想象"，对于文明中的个体来讲就是他们的信仰、就是他们的文化。数千年来无数次的战争证明，企图依靠达成某些共识根本无法消除文明之间最深层次的分歧，这就是文化的分歧。所以只有让每个人认识到文明发展的根本规律、揭示一个让所有人不得不承认的社会发展客观规律的时候，人类的文化才有可能走向融合，人类文明才会拥有大融合、大统一的机会。

文化的差异，本质上是对世界认知的不同，更准确的讲，是"想象"的不同。这种"想象"的差别，伴随存在于每个文明从诞生到终结。

有些文明信仰天神，认为神创造了一切，一切都属于神。因此，神有权利决定这个世界的一切，以神的名义建议政府，以神的名义约束每个个体的思想和行为，以神的名义向每个人收税；

有些文明相信英雄、相信领袖，相信这些人可以带领他们走向富足。所以推选出一个领袖代表他们，为他们决定一切，让领袖决定好坏对错、是非曲直、应该和不应该；

有些文明不相信任何权威，只相信自己，所以社会成员之间相互妥协，根据投票来决定一切。

真是有趣的想象，不过最难想象的是，那些信仰天神的文明，如果天神之间出现分歧，到底哪个文明的天神是对的？天神之中选出一个领袖站出来做最后的裁决吗？还是说天神之间也按投票决定？但假如是非对错的判断和医学一样，是有规律的，那医生应该让患者投票决定治疗方案吗？

按照这些社会的信仰，上面的一段话，分别触犯了亵渎神灵、冲撞领导和涉嫌独裁的罪行。

想象无穷无尽，但是真正符合社会发展需求的只有客观规律。在客观规律面前，没有任何一种想象能够逃脱自我束缚的结局。历史的车轮不断向前，社会结构的信仰基石，无一例外都变成了社会前进的绊脚石。这个时候，"想象"必须要做出改变。而"想象"一旦变化，社会就开始发生本质性改变，或许会动荡不安，或许会重获新生，堪称神奇。

想象的力量就是如此强大，对于每个个体，想象塑造了他的三观：

世界观：对周围环境的认知——就是自己认为的真实世界的样子。

人生观：人之所以存在的意义——生活的目标、人生的使命。

价值观：效用的判断方法——对规律的认知。

每个人的三观，就是他的信仰。因为三观是由想象塑造的，想象不是逻辑推演，所以三观可以不协调。但是只有统一协调的三观才能持久激发内在的力量。

三观协调统一的评价标准是：对于某一个体，在他的"世界观"中，运用其"价值观"，应当能够实现其"人生观"。

文化的定义

文化，就是社会一般个体体现社会认知的三观，也就是：

世界观：对当下世界的认知；

社会观：对社会存在的意义与使命的认知；

价值观：对规律的认知。

社会文化是社会资源分配规则形成的依据，其有效性受到外界环境、社会三观协调性以及文明发展状态的约束。

社会三观符合外界环境、文明发展状态的要

求，并且自身协调统一，称为有效三观。不能满足这个要求的社会三观，都属于无效三观。

对于任何文明，社会文化具备有效三观，是制定有效社会资源分配制度的基础，是促进社会资源与社会一般个体资源占有量协同增长、使文明实现稳步持续发展的先决条件；无效三观，将导致文明发展停滞或退化。

文化在不同文明态中的有效表现与设计思路

在文明发展规律和文明的运行原理尚未被发现的时代，社会资源分配制度是根据社会一般个体的三观设计的，是基于"想象"的三观。对文明发展规律和运行原理没有正确认知的情况下，根本无法产生有效三观，因此，基于"想象"构建的社会三观就是无效三观。以此为基础构建的社会资源分配制度也必然是无效的，只能通过临时修改和调整，在极少数情况下符合文明发展的要求。但是文明在绝大部分历史时期，必然处于战乱、动荡和资源匮乏状态，和平且富足的时期着实短得可怜。

所以，有效的社会三观，必须基于文明发展规律精心设计。其设计目标是，通过社会资源分配制度，引导社会资源生产系统持续增长，扩大资源产出，然后调控社会一般个体的资源占有量，为社会资源生产系统提供持续增长的有效需求。文明社会资源产出和文明物种资源有效需求的协同增长，造就文明的持续发展。

社会资源分配系统的设计目标，是由社会价值观所决定的，它体现了社会对文明发展规律的认知，那就是：

通过调整社会资源分配制度，控制社会资源产出与文明物种有效需求的实现协同增长，这是唯一能确保社会长期持续发展的方法。

在了解文明发展规律的同时，结合社会价值观，可以设计文明在任何一个发展状态下，最有利于社会发展的文化三观。

在社会文化的设计上必须认识到两个基本点

1. 由于社会文化是社会一般个体的三观，因此不同的社会发展状态，社会一般个体认知程度有非常大的区别，无法以逻辑推导的形式使其主动思考，往往需要以简明扼要的"结论式"价值观引导，其因此在缺少前提条件的情况下，"结论式"价值观很可能不成立。

2. 保持社会长期持续发展的方法是控制社会资源产出和社会有效需求协同增长。调控增长过程必定要调控三个方面：增长幅度、实现增长所需成本、整个过程中存在的风险。

三个文明态文化三观的简要推导

第一文明态

世界观

1. 资源产出增长受限：由于受到技术发展的限制，劳动生产效率不够高，资源产出速度太慢。导致劳动生产出的资源无法满足需求。

2. 资源生产成本及交易成本过高：由于环境中可利用资源不足、现有资源利用率不高、产业经营管理能力不足、落后产业得不到优化，导致资源浪费严重，生产成本很高。同时，由于贫富差距过大、基础设施不完善、行政成本过高等因素，导致产品送到购买者手中，中间又会增加大量成本，导致很多人想买，但买不起。

3. 由于自然环境和资源分配制度不稳定，导致资源生产和交易过程存在巨大的不可控风险。

社会观

1. 改变现状，未来可以进一步提升个体劳动产出，就能有更多资源盈余用于满足更多需求。

2. 改变现状，未来可以进一步降低生产成本和交易成本。

3. 改变现状，未来可以尽量降低自然灾害和不良资源分配制度对资源生产和资源交易可能造成的影响和风险。

价值观

已知规律 1：

当前文明态，文明物种与产业链是"互利共生"的关系。

已知规律 2：

社会资源产出总量＝单类产品产出总量×产品种类

单类产品产出总量＝一般劳动者生产效率×单位时间×一般劳动者数量

已知规律 3：

社会有效需求总量＝个体有效需求×人口数量

个体有效需求＝个体对单类的有效需求×有效需求的种类

可推论下列价值观：

1－1. 提升社会资源产出总量：

以提升劳动效率为目的，提倡勤劳致富、工具和工艺创新；

以增加生产规模为目的，倡导人口就是就是

48

财富；

以丰富产业多样性为目的，鼓励产业创新。

1－2. 提升社会有效需求总量：

以提升社会有效需求为目的，提倡适度消费；

以丰富市场需求为目的，提倡开放包容；

以增加人口出生率为目的，提倡享受人生。

2－1. 降低社会资源生产成本：

以降低生产材料成本为目的，提倡自然资源开发、反对资源浪费、提倡流程优化；

以提升产量稳定性为目的，固定一般劳动时间；

以减少无效产业淘汰落后产业为目的，鼓励适度竞争。

2－2. 降低社会有效需求成本：

以降低缩小贫富差距、降低交易成本为目的，倡导富裕群体资助公共事业、公共基础设施建设，倡导产品交易中间环节让利消费者，反对谋取暴利的无序商业行为、提倡稳定交易秩序。

3－1. 控制影响社会资源生产的风险：

以改善生产环境为目的，灌输防灾减灾意识；

以改善生产预期为目的，稳步优化政策法规适宜性、灌输正确的法治观念：律法是维护资源交易秩序的工具，而不是交易本身。

3－2. 控制影响社会有效需求的风险；

以稳定有效需求体量为目的，倡导以人为本、防灾减灾，提倡公共保障制度；

以防止资源流动混乱及资源流动停滞为目的，灌输正确的法治观念：律法是维护资源交易秩序的工具，而不是交易本身。

第二文明态

世界观

1. 资源产出增长受限：由于科技发展局限，产业生态系统发展和扩张受到限制，产出资源不够丰富多样，不足以满足社会个体及产业发展需求。

2. 资源生产成本及交易成本过高：由于可利用资源规模限制、生产技术及经营能力限制、落后产业得不到优化导致资源成本成本较高；由于贫富差距过大、基础设施完善、行政成本过高等因素，导致产品送到购买者手中，中间又会增加大量成本，导致很多人想买，但买不起。

3. 由于自然环境和资源分配制度不稳定，导致资源生产和交易过程存在巨大的不可控风险。

社会观

1. 改变现状，使文明个体通过产业生态系统自身生产，就能获得更多资源盈余用于满足自身需求。

2. 改变现状，未来可以进一步降低生产成本和交易成本。

3. 改变现状，未来可以尽量降低自然灾害、不良资源分配制度对资源生产和资源交易可能造成的影响和风险。

价值观

已知规律 1：

当前文明态，依靠产业生态系统扩张提供大规模需求和大量资源产出，文明物种一般个体的身份从劳动者向生产决策者转变，文明物种与产业链的关系是共生和寄生的双相状态；文明物种个体依靠劳动获得的资源会越来越少，必须将更多资源补贴给劳动者，才能为产业生态系统扩张提供足够的有效需求。

已知规律 2：

社会资源产出总量＝单类产品产出总量×产品种类

单类产品产出总量＝一般劳动者生产效率×单位时间×一般劳动者数量＋各产业节点生产效率×单位时间×产业规模

已知规律 3：

社会有效需求总量＝个体有效需求总量×人口数量＋产业生态中单一节点的有效需求总量×节点数量

个体有效需求总量＝个体对单类的有效需求×有效需求的种类

单一产业节点的有效需求总量＝单一产业节点对单类产品的有效需求×有效需求的种类

推论可得以下价值观：

1－1. 提升社会资源产出总量

以提升劳动效率为目的，提倡劳动工具和技术的创新，提倡自动化生产；

以提升生产规模为目的，提倡控制人口增长速度，提倡产业扩张。

以提升产品种类为目的，提倡适度产品创新。

1－2. 提升社会有效需求总量

以提升社会有效需求为目的，提倡产业资源对个体的资源补偿制度、鼓励适度消费；

以丰富个体需求的种类为目的，提倡开放包容；

以增加物种需求体量为目的，提倡适度提升人口数量；

以提升生产节点需求种类为目的，提倡创新生产方法；

以提升产业系统需求为目的，提倡产业扩张。

2－1. 降低社会资源生产成本

以降低生产材料成本为目的，提倡自然资源

开发、提倡基础科学研究、提倡科技创新、反对资源浪费、提倡流程优化。

以提升产量稳定性为目的，固定一般劳动时间、控制产业规模波动幅度、控制新型劳动者对文明个体劳动者的替代速度、控制创新产品和低需产品的资源供给。

以减少无效需求淘汰落后产业为目的，鼓励适度竞争。

2—2. 降低社会有效需求成本

以缩小个体贫富差距、降低交易成本为目的，倡导富裕群体资助公共事业、公共基础设施建设，提倡产业资源对个体的资源补偿制度，提倡稳定交易秩序，倡导产品交易中间环节让利消费者，反对谋取暴利的无序商业行为。

以降低产业链有效需求成本为目的，倡导基础科学研究、材料替代、低效生产方式逐步退出、产业结构优化、引导有序商业行为、控制行政成本。

3－1. 控制影响社会资源生产的风险

以改善生产环境为目的，灌输防灾减灾意识；

以改善生产预期为目的，稳步优化政策法规适宜性、灌输正确的法治观念：律法是维护资源交易秩序的工具，而不是交易本身。

3－2. 控制影响社会有效需求的风险

以稳定个体有效需求体量为目的，倡导以人为本、防灾减灾，提倡公共保障制度、提倡产业资源对个体的资源补偿制度；

以稳定产业节点有效需求为目的：提倡有序商业行为。

以防止资源流动混乱及资源流动停滞为目的，灌输正确的法治观念：律法是维护资源交易秩序的工具，而不是交易本身。

第三文明态

能进入第三文明态必然已经实现两大前提：

1. 文明物种个体已经脱离劳动的束缚；

2. 人工智能已经接管社会资源生产系统和社会资源分配系统。

这两个前提，其实早在文明第二阶段人工智能出现，到第二文明态后期全社会广泛应用，就已经不同程度实现，在第二文明阶段人工智能深度应用的领域，其社会文化的发展需求，与第三文明态是基本相同的。对第三文明态的文化三观可以做如下推测：

世界观

1. 人工智能已经接管社会资源生产系统和社会资源分配系统，文明物种已经不需要通过劳动获得资源，但是个体获得资源的数量和种类仍然受到生存环境、科技发展、物种人口的束缚。

2. 人工智能对社会的管理过程中，受到来自于自然环境和文明物种传统文化、生物特性的双重限制，增加了资源生产和分配的成本。

3. 文明物种自我的充分表达，在为学科进步提供动力的同时，负面行为也同样持续伤害社会发展。

社会观

1. 改变现状，文明的未来可以获得更大的生存环境，科技广泛突破和进步，物种数量在保证一般个体资源总量持续增长的前提下人口数量获得大幅度增长。

2. 改变现状，资源生产系统更加集约高效、资源交易系统更加便捷。

3. 改变现状，实现了对文明物种积极行为的充分调动、同时使负面情绪充分发泄的同时，消除了社会危害性。

价值观

已知规律 1：

当前文明态，文明物种与人工智能是"相互协作、相互成就"的关系。

已知规律 2：

社会资源产出总量＝单类产品产出总量×产品种类

单类产品产出总量＝新型劳动者生产效率×单位时间×一般劳动者数量

已知规律 3：

社会有效需求总量＝个体有效需求×人口数

量

个体有效需求＝个体对单类产品的有效需求×有效需求的种类

可推论下列价值观：

1－1. 提升社会资源产出总量

提倡技术创新和生产线优化、提倡生产规模扩张。

1－2. 提升社会有效需求总量

以提升社会有效需求为目的，提倡按需消费；

以丰富市场需求为目的，提倡需求创新、开放包容；

以增加人口出生率为目的，提倡享受人生、自我成就。

2－1. 降低社会资源生产成本

以降低资源生产成本为目的，提倡城市网络改造与生产基地布局规划。

2－2. 降低社会有效需求成本

以降低社会有效需求成本为目的，提倡文化创新与引导，提倡社会学研究与教育。

3－1. 控制影响社会资源生产的风险

以防止反社会行为破坏资源生产系统为目的，提倡人类行为学的研究与应用。

3－2. 控制影响社会有效需求的风险

以防止反社会行为破坏社会有效需求为目的，提倡人类行为学的研究与应用。

二、规则

规则的定义

规则就是社会资源的分配方法。

社会资源分配规则的分类

一、明规则

明规则就是可以在国家律法中明确认定为合法或者非法的资源交易规则。其特点是规则内容是可以明确的。无论任何个体、任何组织，执行合法或者非法的资源交易规则，都在真实地决定相关资源分配，这种规则都属于明规则。因此，明规则又可以划分为合法的资源交易规则和非法的资源交易规则。

明规则具有明确的合理性,是一种理性行为,可以从社会资源在交易过程中所涉及的收益、成本和风险三方面进行理性分析和判断,具有内在逻辑性和可设计性。它体现了社会一般个体的三观,也就是对社会环境的认知、对自身发展目标的设定、实现发展目标的方法。由于其具备合理性,可以被设计和执行,因此,明规则可以形成制度。无论合法或者非法的资源交易制度都属于社会资源分配制度。

二、暗规则

暗规则是指未在政府律法中明确认定合法或者不合法的资源交易规则。它是由社会个体或团体对政府无法界定的"广义"资源的分配规则。其特点是无法被明确,具有高度不确定性,往往是一种非理性行为,因此不能形成制度,只能归属于某种规则。

在现实世界按照明规则进行资源交易过程中,必定会涉及到对广义"资源"的交易规则,这就是暗规则。其中，广义资源可以包括经验、机会、认可等，暗规则可以包括个人偏好、生活习惯、道德要求、地方风俗等。

广义的"资源"可以单独进行交易，也可以作为指定资源的交易附属品完成交易。在生活中常常看到，两种完全相同的产品，买方会指定购买其中一种，甚至购买相对更不合适的一种，原因可以是个人偏好、生活习惯等，这就是暗规则在起作用。

需要注意的是，所谓的"潜规则"并不是一个明确的概念，只是一种约定俗称的称谓。主要原因是"潜规则"一词，并不具备明确的边界。很多所谓的潜规则行为，实际上是非常明确的违法行为，属于明规则的范畴。读者需要做好区分。

综上，明规则与暗规则共同构成社会资源分配规则，共同决定社会中一切有效资源的分配。

社会资源分配制度的形成与变化机制

社会资源分配制度就是社会群体普遍认可的

一种其资源分配方式，它由社会文化直接决定。其变化机制是：

资源分配制度的执行——资源分配结果对意识的反馈——根据收益、成本、风险的评估对三观进行调整——新资源分配制度的执行

由此可见，社会资源分配制度是个体或集体将现实的资源分配结果向期望的资源分配结果改造的方式，处于不断的动态变化之中，具有强烈的现实性。

社会资源分配制度的保障

律法

律法的定义及作用

律法泛指一切对资源分配规则正当性的判断标准。无论合法的资源分配规则还是非法的资源分配规则，都有自身的律法，甚至很多情况下，暗规则也会有相应的律法保障，用于判断资源交易行为是否符合其交易规则的要求。律法包括法律、法规、政策、规范、行为准则等。需要注意

的是，律法的执法结果（不是律法条文、不是审判结果）体现律法所维护的资源分配规则。

律法的定位

律法不属于资源分配制度，而是保障既定资源分配制度实施的工具。因此，律法在本质上不属于可交易的范畴，具有不可交易性。如果将保障交易的工具拿来做交易，必定使资源分配制度失去保障，交易秩序也必定失控。既当裁判又当运动员的结果必然是资源交易在失去公平性的同时，律法的审判结果也将毫无公正可言。

律法的局限性

一、律法的一大局限性在于其"滞后性"

社会资源分配制度的变化速度远超律法的更新速度，即便律法对社会资源分配制度的变化和波动有一定的承受范围，然而一旦既定的资源分配制度不再符合社会发展规律的要求，律法作为旧时社会资源分配制度的维护工具，就会成为社会发展的阻碍。因此它只能保障过去某个时刻既定的资源分配制度。

律法这种"滞后性"的根本来源在于：文明物种之间的资源交易，对交易规则的稳定性具有极高的要求，否则交易将被认定为高风险行为，因此对于文明物种参与的交易行为，要求律法能够长期稳定，便于评估其影响和风险。这种稳定的律法被认为是"可靠的"。因此，文明物种要求律法尽量具有长期稳定的特点。然而，社会资源分配制度自有其变化规律，尤其在社会快速发展的阶段，社会资源分配制度变化的速度远超律法的跟新节奏，这种情况下，律法非常容易成为社会发展的阻碍。

因此，控制社会发展速度，使资源分配制度变化不会太快，同时保持律法对社会资源分配制度的变化作出快速响应和自我调节，是维持社会长期平稳发展的必然要求。

二、律法的另一个局限性在于其"工具"的本质

相比文字对律法的定义和描述，社会更认可律法的执行结果，因为后者真实体现了律法所保

障的资源分配制度。按照律法认可的资源分配制度开展资源交易，才能避免交易风险。由此可见，文字性律法和实践性律法之间，往往有一定的差别，其原因就是律法作为一种工具，是由社会个体使用和执行的，执法者的认知是影响律法执行结果的关键因素。

执法者认知的差异性，导致律法的执行结果差异非常大，这意味着律法真实保障的资源分配制度具有极大的不确定性，这种不确定性对于庞大的资源交易市场而言，代表着极大的风险，其结果必然导致相当比例的资源交易行为由于被不公平处罚而增加了市场资源交易的成本，在造成资源的浪费的同时，导致市场交易资源总量的萎缩。

因此，严格限制执法自由度、保障律法的准确执行，是降低市场资源交易风险的必然要求。

律法的制定原则

律法应当体现当前文明发展所处阶段最符合社会发展规律要求的社会文化三观，具体可参考文化篇关于对三个文明态文化要求的推导。

律法实施的核心原则

控制社会发展速度，兼顾律法的稳定性和有效性，并确保律法严格且准确执行。

律法的评价标准

律法唯一评价标准：律法的执法结果所维护的资源分配规则是否符合当下文明发展状态的需要。不同社会所处发展阶段可以不同，但是不同社会在相同阶段实现发展以及文明态的跃迁，所需要的条件是必定相同的。

社会管理

社会管理的任务目标：

根据社会发展规律，设计与当前文明发展状态相适应的律法，通过律法的实施，解除当前文明状态下社会发展的限制性因素，实现社会资源产出和社会有效需求长期稳定协同增长。

社会管理系统完成任务目标的具体方法

1. 提升社会资源分配总量：引导社会资源生产系统的丰富和完善。

2. 降低资源分配的成本：减少社会资源在分配过程中的损耗。

3. 降低资源分配带来的系统性风险：正确分配社会资源，实现增加社会有效需求的目的，防止资源错误分配导致的资源闲置，以及由此引发的贫富分化、有效需求降低、文化迷失、社会动荡等问题。

社会管理系统的定位

社会管理系统的定位是律法的设计与执行机构，应当负责律法的制定、修缮与执行。

社会管理机构的运行逻辑

律法的执行——执行结果信息收集——信息的整理与分析——律法的修缮——新律法的执行。

由此运行逻辑可以明确社会管理系统的基本职能

社会管理系统的四大基本职能

信息收集——搜集社会舆情及经济最原始数据。

信息处理——将数据整理分析，仅针对数据层面导出结论。

律法制定——针对数据层面结论，结合社会管理目标，制定和修缮律法。

律法执行——严格限制执法自由度、保障律法的准确执行。

四大基本职能是任何形式政权实现有效社会管理必须具备的基本能力。但由于人类历史上各个政权组织对社会发展的客观规律缺乏认知、对文明的内在结构缺乏分析，因此只能通过"想象"构建社会三观，并以此基础上构建政权制度及社会律法，试图通过生物的局限性视角去解读社会存在与运行的客观规律，其结果无一例外都是失败的。这些错误的认知，直接导致四大基本职能的履职效果受到影响，在没有认知本质规律的情况下，只能依靠更加优化的"想象"提升政府四大基本职能的履行效果。

因此，正确的社会管理机构设置，应当回归其职能"本源"，即设置四大基本职能部门，作为其基本结构。

社会管理系统的基本结构：四象政府体制

信息收集部门——任务是：搜集社会舆情及经济最原始数据。

信息处理部门——任务是：将数据整理分析，仅针对数据层面导出结论。

律法制定部门——任务是：针对数据层面结论，结合社会管理目标，制定和修缮律法。

律法执行部门——任务是：严格限制执法自由度、保障律法的准确执行。

四大基本职能部门具有任务上的明确分工和权责边界，各司其职，只对自己的工作结果负责，上一部门的工作结果是下一部门的决策依据。四大职能依次相连、收尾衔接，以社会管理的任务目标为中心，展开高效低成本的社会管理工作。

由于四大职能相互关系呈现依次相连、收尾衔接的图像，与数学四象限坐标图相似，因此这种政府组织结构又可称为四象政府体制。这种体制下，没有最高权力机构，一切以处理社会事务为核心，尽可能减少任何来源的权力滥用对政府事务的影响。（这种体制下民众没有决策权，只有监督权）因此，四象政府体制的运行逻辑与独裁体制或民主体制都有本质性区别。

三、经济

经济的定义

经济就是资源的分配结果，它决定了社会文化的形成和发展。

由社会资源分配制度的内在变化机制可知，社会资源分配制度是个体或集体将当前的资源分配结果向期望的资源分配结果改造的方式，它处于不断的动态变化之中，具有强烈的现实性，因此，真实的社会资源分配制度无法被静态记录，它表现为当下的资源分配结果，也就是经济。

对于社会个体来讲，资源的占有量或者稀缺性、获取资源的成本和风险，都将对个体的认知造成巨大影响。推而广之，社会一般个体的资源占有量可以直接影响社会群体的认知，因此社会三观将随着社会资源分配结果的不同而发生改变。这就是社会资源分配结果——经济，对社会文化具有决定性的影响。

经济的本质

经济直观体现文明的本质，也就是"交易"满足"需求"。

需求。需求是以真实的交易资源来衡量的，为了区分无法交易的需求，在第一章中将其称为有效需求。不能参与交易的需求，不具有经济价值，因为它不接入社会交易网络，不影响资源流动。所以，具备充足有效的需求，是经济健康的第一个特点。

交易。市场上有足够大量的资源流动，并具有充足的流动性，就是经济健康的第二个特点。

经济的运行模型

经济，就是以需求为基础的资源流动，表现为当下社会资源的分配结果。这种资源流动由于受到多种因素的影响，因此体现出波动的特点：有时候资源流动量很大，有时候又非常小。经济的波动性，造成了经济周期。

当社会资源自由交易在没有受到外界因素干扰的情况下，也就是市场处于自由交易状态下，整个社会资源交易总量随时间变化曲线与下图相似：

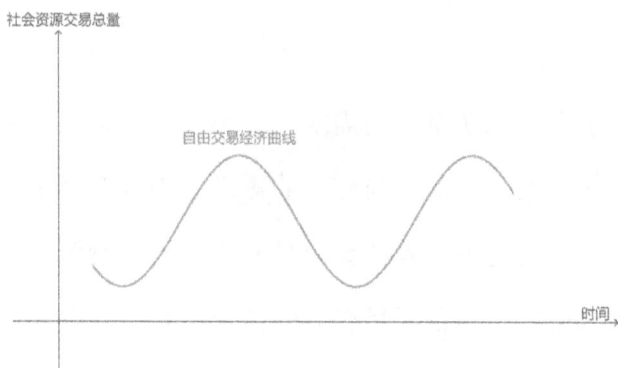

【自由交易经济曲线图】

经济周期的定义

自由交易的经济模式导致社会资源供应总量呈现周期性波动,这种周期性波动就是经济周期。经济周期是市场博弈状态变化和市场交易者结构变化的外在表现。

在没有受到外界因素干扰的情况下，社会资源自由交易呈现剧烈且频繁的波动。很明显，这种资源交易量的剧烈波动，将对社会发展和社会稳定性造成剧烈冲击。因此，这种没有外界干扰的资源交易模式绝对不是一种理想的经济模式。

在理想经济模式下，社会资源交易总量随时间变化应当是平稳向上延伸的，表现出的特点是：经济增长不呈现波动变化，可以长期稳步增长。如下图：

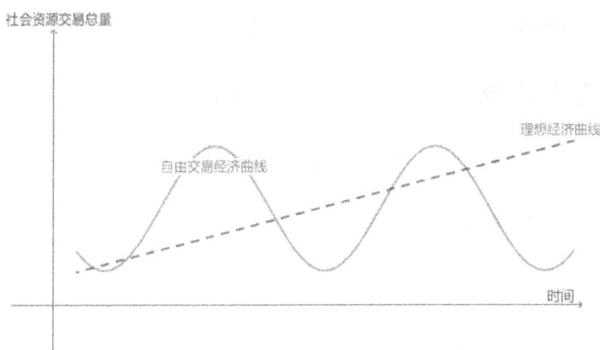

社会资源交易总量

理想经济曲线

自由交易经济曲线

时间

【理想经济曲线图】

如果将经济表现，从自由交易经济曲线转变为理想经济曲线，需要解析自由交易经济曲线之所以呈现波动性的原因。

自由交易经济曲线呈现波动性的原因分析

造成自由交易经济出现波动性变化的原因包括交易内部因素和交易外部因素。外部因素包括气候、自然灾害等，导致资源生产和交易受到影响，但这些因素并不直接参与交易，而且这些因素往往是不可控的，在此不多做讨论。内部因素才是持续影响经济，造成经济增长、停滞和衰退的根本原因。

一、从市场博弈角度分析经济周期

假设在同一市场中的某个时刻，市场具有既定的需求潜力,而市场也有真实的资源供应速度，我们以正弦波函数类比于经济波动周期的基本曲线，可以得到如下图示：

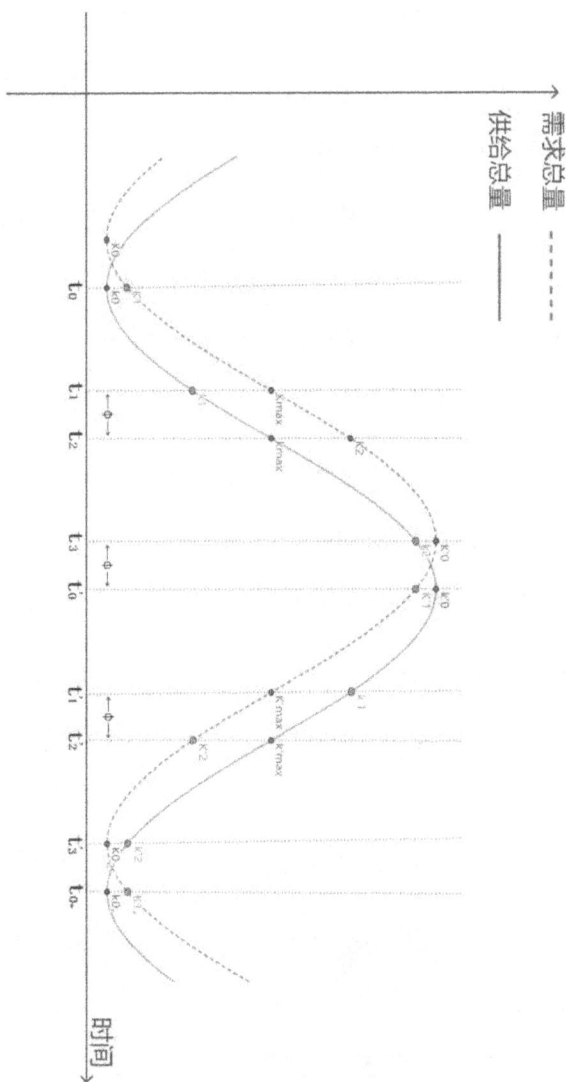

【需求－供给－时间曲线图】

图中各标记点的含义为：

需求—时间曲线以虚线表示，代表某一时刻市场可以承受的最大资源供给量。其上升阶段斜率为 K，衰退阶段斜率为 K'；

供给—时间曲线以实线表示，代表某一时刻市场真实提供的资源供给量，也就是自由交易经济曲线。其上升阶段斜率为 k，衰退阶段斜率为 k'。

两条曲线间相位差为 φ。φ 决定了某一时刻需求潜力与供给量之间的差值，这个差值也可以称为这一时刻的需求潜力代偿储备。在模型图中，φ 值是恒定不变的，但是在真实世界，φ 值处于不断波动和变化中。

曲线上任意一点斜率，代表资源供给速度变化的加速度。

k0 为供给曲线上升期起始点，其对应的需求曲线上 K1 点为市场可以承受资源供给速度增长加速度；

k1 为市场需求潜力增长最快 Kmax 时，对应的资源供给速度的加速度；同理，K2 为供给增长最快 kmax 时，对应的需求增长加速度。

经济上升期斜率最大值为 kmax，为正值；经济衰退期斜率最低值为 k'max，为负值。因此斜率 k 的变化范围是[k'max，kmax]。同理，K 的变化范围是[K'max，Kmax]

k2 为市场需求下降起点 K'0 时，对应的资源供给速度加速度。

同理可知曲线下降阶段各标记点含义。

一个完整的经济周期中，市场博弈状态可以分为：

经济上升期：

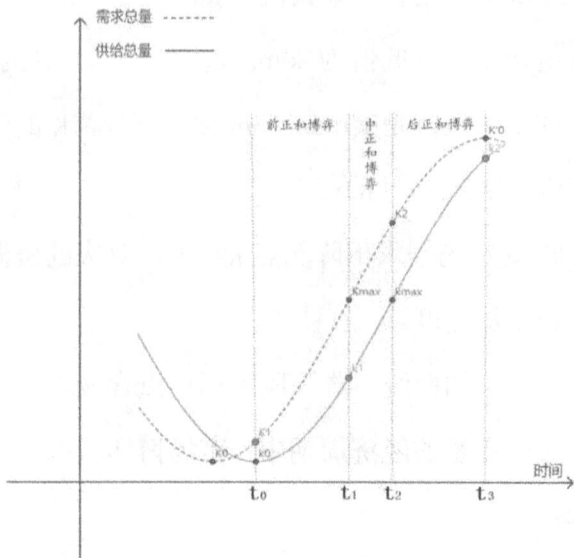

【正和博弈阶段需求－供给－时间曲线图】

增长前期：前正和博弈阶段（$t_0 \rightarrow t_1$）

在 t_0 向 t_1 变化的任意时刻，K 必定大于 k。代表这个时间段，资源需求的增长速度必然大于资源供给量的增长速度。

这意味着，在这个阶段随着时间的推移，市场中卖家数量不断增加，形成了开发市场的合力，导致每个卖家的营收效率都得到持续提升，也就是合作导致的额外收益不断提升。这个阶段，称

78

为前正和博弈阶段。

增长中期：中正和博弈阶段（t1→t2）

在 k1 向 kmax 变化的阶段，供给曲线上任意一点斜率不断增长，而需求曲线上的斜率不断降低，但两条曲线之间不会相交，原因是：

t_1 时刻，需求量 1－供给量 1＝差值 1；

t_2 时刻，需求量 2－供给量 2＝差值 2；

差值 1＝差值 2＝△，且 t1 到 t2 的任意时刻，需求量－供给量必定大于△。

因此这个阶段，需求量与供给量之间的差值部分，呈梭形。

这个阶段卖方虽然快速增加，但是合作形成的额外收益可以基本保持在最大值。称为中正和博弈阶段。

增长后期：后正和博弈阶段（t2→t3）

在 t_2 向 t_3 变化的任意时刻，K 必定小于 k。代表这个时间段，资源需求的增长速度必然小于资源供给量的增长速度。

这意味着，在这个阶段随着时间的推移，市

场中卖家数量不断增加，虽然形成了开发市场的合力，但是市场需求潜力已经接近最大值，无法进一步提升，因此供给量越多，将导致每个卖家的营收效率不断下降，也就是合作导致的额外收益不断减少，但这个阶段，卖家依然可以得到额外收益。这个阶段，称为后正和博弈阶段。

经济波峰期：

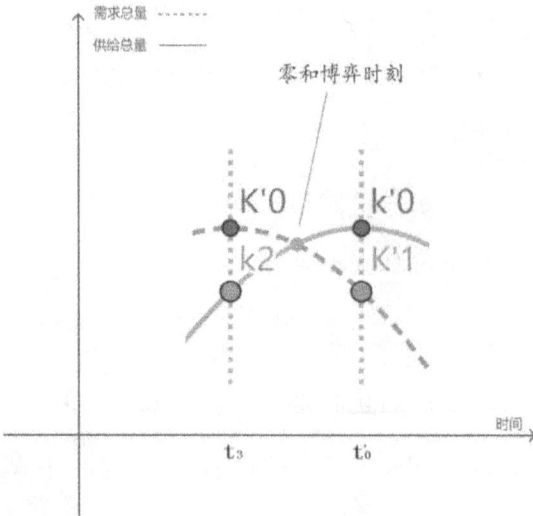

需求总量 ------
供给总量 ———

零和博弈时刻

K'0　　k'0
k2　　K'1

时间

t_3　　t_0'

【波峰零和博弈阶段需求－供给－时间曲线图】

零和博弈阶段（$t_3 \rightarrow t'_0$）

这个阶段，市场需求量开始下降，但供给量继续上升。双方交汇点代表着市场需求被供给完全满足，卖家之间只有通过争夺对手的市场份额才能提升总收益，无法通过开发新市场获得额外收益。此时为零和博弈点。

我们将市场需求量和资源供给量反向变化的阶段称为零和博弈阶段。

同理可推论市场衰退期和经济波谷期各阶段博弈状态。

经济衰退期：

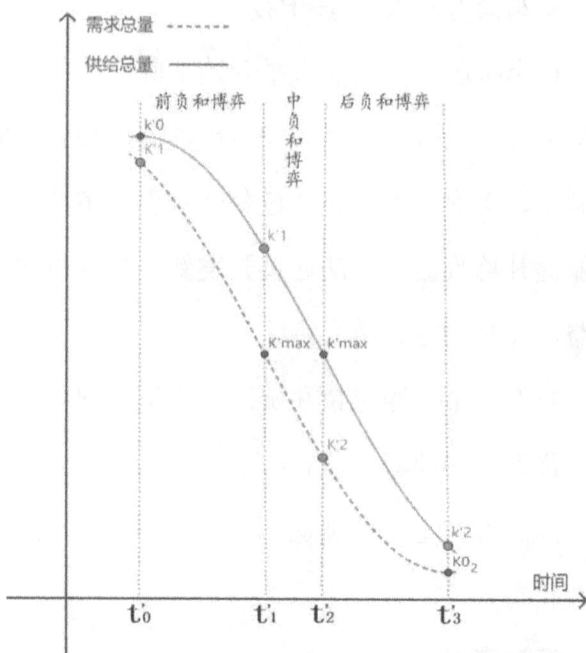

【负和博弈阶段需求－供给－时间曲线图】

衰退前期：前负和博弈阶段（$t_0 \rightarrow t_1$）

这个阶段由于市场需求的萎缩速度逐渐加快，导致卖方的市场不断降低，不仅没有额外收益，利润也不断缩小，且降低幅度越来越大。

衰退中期：中负和博弈阶段（$t_1 \rightarrow t_2$）

这个阶段表示市场需求的萎缩速度达到最大值，卖方收益快速萎缩。

衰退后期：后负和博弈阶段（$t_2 \rightarrow t_3$）

这个阶段表示市场需求的萎缩速度逐渐减缓，卖方收益萎缩减缓。

经济波谷期：

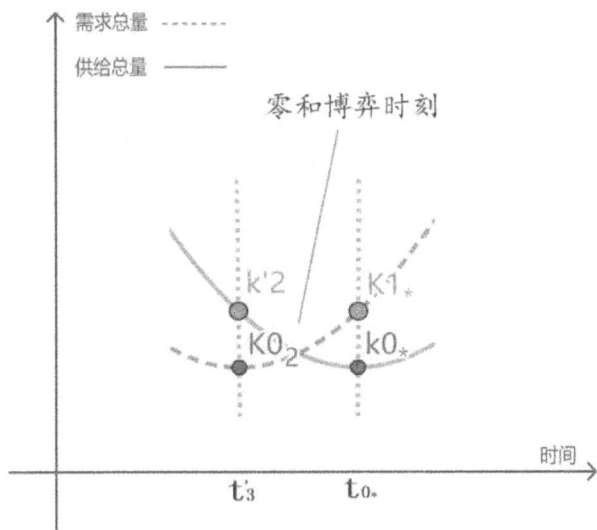

【波谷零和博弈阶段需求－供给－时间曲线图】

零和博弈阶段（$t_3 \rightarrow t'_{0*}$）

市场需求开始上升，但是供给量持续降低。两线交汇处同样是零和博弈点。

完整的经济周期&博弈状态叠加图

最后，我们可以得到经济周期与博弈状态叠

加的解析图：

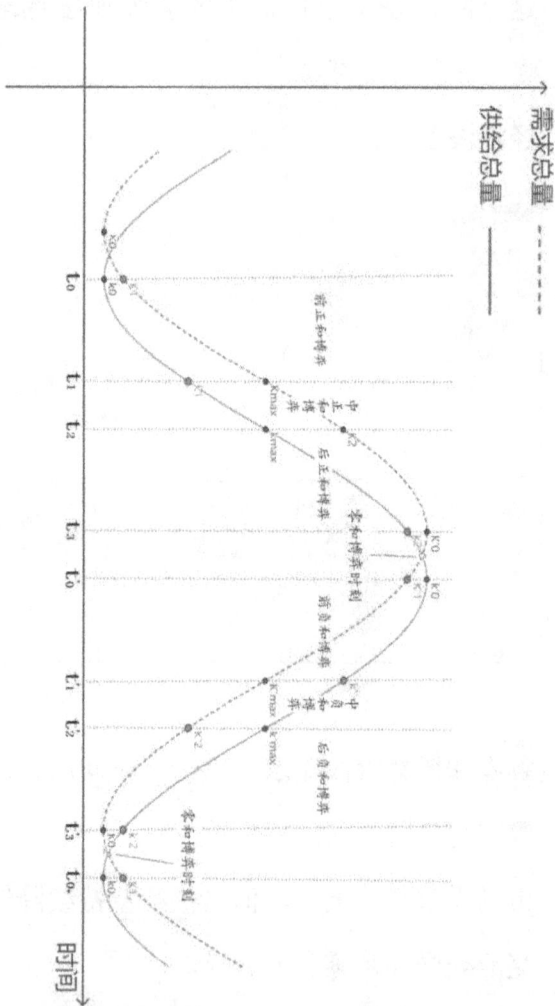

【需求－供给&博弈状态－时间曲线】

二、从市场主体交易者类别的波动性转变观察经济周期

市场交易者可以分为两类：个体交易者和集体交易者。

个体交易者之间的交易行为早在石器时代就已经存在，它让个体之间能够互通有无，有效增加了个体获得多样化资源的途径，提升了个体的生存能力。

集体的出现与存在，是因为团队协作可以为个体赋能，提升个体获得资源的机会，进而提升生存机会。因此个体之间的协作而组成集体，本质上是因为协作可以使个体获得更多的资源。

但是，个体间的协作会增加额外成本，比如沟通成本、组织统一行动的成本、成员之间信任的成本等，这就是集体存在必须考虑的成本，而且企业越大，此类成本越高。因此，集体的存在必须满足以下条件：

集体获取的资源－合作额外消耗的资源＞个体成员独立生存时可获取的资源总和

简化为：

集体效益－合作成本＞个体需求总和

（此非完整公式，完整公式见后文《文明的兴盛与衰败》篇）

此公式可以解读为：如果个体加入集体后，能够获得比独立劳动时更多的资源，或者比独立劳动时更能满足自身需求，那么集体成员之间具备足够的凝聚力，集体可以持续存在；

那么集体崩溃的条件就是：

集体效益－合作成本＜个体需求总和

也就是，如果个体通过集体协作，无法满足个体需求，那么集体必将崩溃。

所以，集体崩溃的原因包括：集体效能太低、或者集体成本太高、或个体需求太高。

交易者类别转换与经济周期的关系

由上述原理我们可以得到经济周期与市场主体交易者类别波动叠加的解析图。

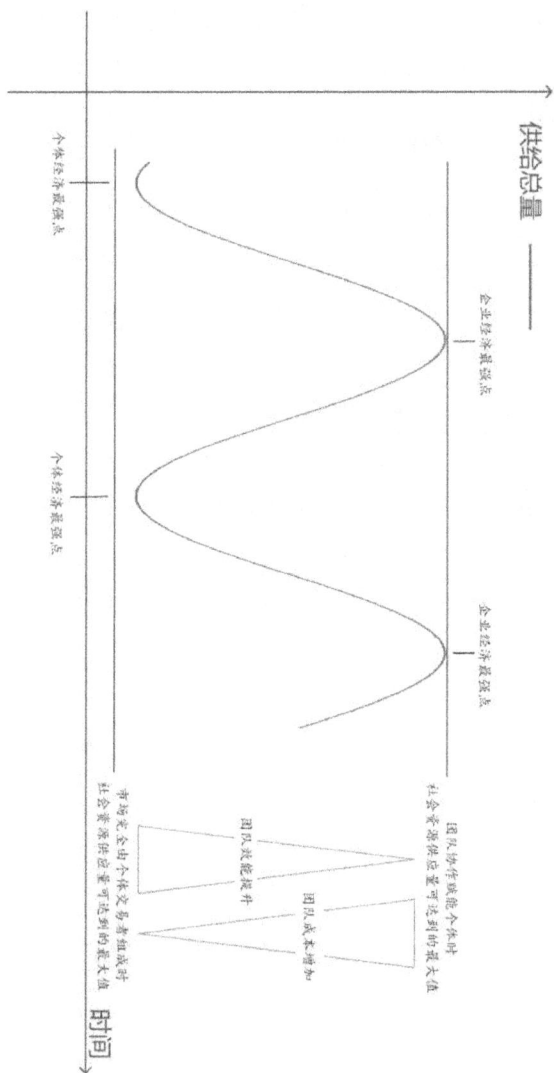

【需求－供给&交易者转换－时间曲线】

87

从市场主体交易者类别的波动性转变观察经济周期，具有如下规律：

经济波谷期，靠近社会完全处于个体交易状态的资源供应总量；

经济波峰期，靠近社会完全处于企业交易状态的资源供应总量。

完整的经济周期分析图

将经济周期与个体交易者和集体交易者的相互转化规律组合起来，可以得到下图：

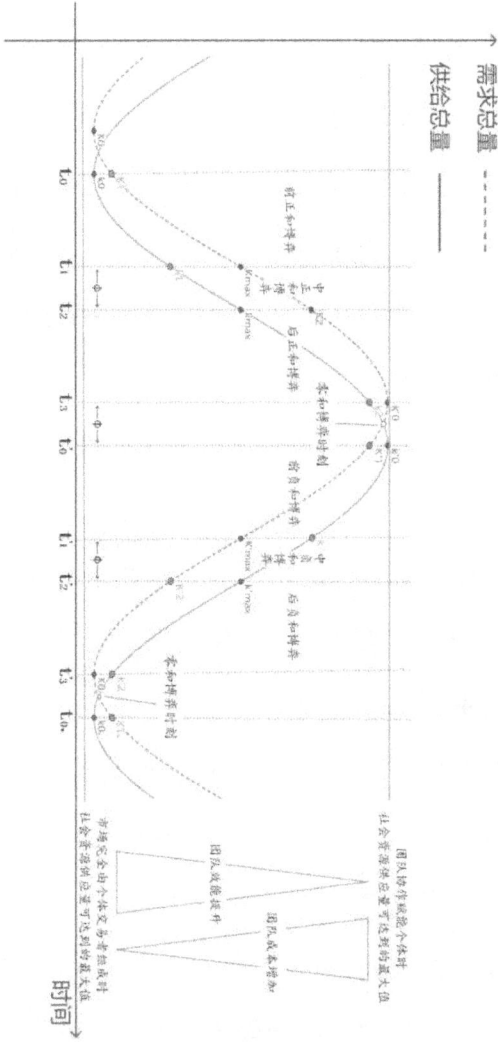

【需求－供给&博弈状态转换&交易者转换－时间曲线图】

89

解析图可以做如下分析：

经济上升期：

前正和博弈阶段

市场需求明显增长，个体通过公司的形式合作，可以有效提升个人资源获取效率，且资源获取效率越来越高；此时个体卖家数量减少，企业数量不断增加。

中正和博弈阶段

市场需求快速增长，企业额外利润达到最大值，企业数量增速最快，但是企业成本同样高速增长。个体卖家减少速度最快。

后正和博弈阶段

市场需求增长减缓，企业额外利润逐渐减少，企业成本居高不下，企业数量增长减缓，个体卖家减少速度减缓。

经济波峰期：

企业资源供应市场处于零和博弈阶段

市场竞争失利的企业出现效益不足以覆盖成本的显现，企业中的个体成员开始无法获得足够的资源，选择退出公司，企业破产倒闭。由于无法开发新市场且市场竞争加急，剩余企业选择控制成本，且不再新增岗位，市场上个体经营者数量开始增加。

于此相反的情况是，由于此刻市场的个体经营者数量最少，因此适合个体经营者参数的市场处于需求上升期，个体经营者开始获得额外利润。

经济萎缩期：

前负和博弈阶段

市场萎缩明显加速，需求潜力无法承载资源供应速度，在负和博弈中，越来越多的公司无法保持正向利润，市场岗位数量开始大量减少，下岗潮初见端倪，企业破产数量开始增加，个别产业网络节点被破坏。

于此相反，市场个体经营者数量增速明显，且额外利润逐渐增加。

中负和博弈阶段

市场萎缩速度达到最大值，即便占有大量市场的大型企业，也出现明显的利润萎缩，开始减少岗位，下岗潮正式到来，企业数量也大量减少，产业网络节点大面积瘫痪，残存企业的运行成本可能不降反升。

此刻个体经济的市场需求增长速度达到最大值，个体经营者额外利润达到最大值。

后负和博弈阶段

企业资源供应市场萎缩持续萎缩，但萎缩速度减缓，大部分公司无法保持正向利润，但因为有储备，所以破产企业减少，但是产业网络破坏仍在继续。

个体经营者增速减缓。

经济波谷期

个体经营者资源供应市场处于零和博弈阶段

企业经营者迎来经济再次上行的曙光。新的经济周期开始。

自由经济呈现波动性变化的原因

由上述分析可知，自由交易经济曲线呈现周期性波动背后，有如下原因：

不同经济波动阶段，企业对个体赋能的赋能情况不同和企业运行成本不同，在不同的市场竞争状态影响下，导致个体经营者和企业数量比例出现交替性、阶段性波动。由于个体经营者所能够提供的资源种类及数量远无法和企业相比，因此两者的交替性波动就构成了经济周期。

自由交易经济行为的局限性分析

从自由交易经济曲线中可以看到，企业自由交易的行为，虽然可以有效提升社会交易资源总量，但是其自身无法避免由于过度饱和导致的市场崩溃现象。每一次的市场过度饱和与崩溃，都造成社会资源的巨大浪费，社会个体的生活都会受到极大干扰。

自由交易创造市场和毁灭市场的原因是一致的，也就是在文明的发展规律中所描述的商业行为的基本逻辑，那就是追求市场需求与成本之间的差价，同时具有复利性增长的特点和需求。这个本质决定了商业行为以提升产品市场需求和降低成本为目标，同时非线性的、复利性增长必然导致对资源的非理性的海量需求，在缺乏约束的情况下，无限追求价值与成本之间的差价必然成为商业的常态，这就是无序商业行为。无序商业行为必定会由于过度追求差价的行为压缩产业链其他环节获取的资源，并且增加其它环节的运行成本，因此降低了整个产业链对环境变化的风险抵御能力。外部环境一旦剧烈波动，很容易导致产业链的断裂。比如，第一文明态产业链由于受到自然环境和社会资源分配规则的双重影响，同时自身生产力偏弱，无法承受剧烈的环境波动，因此很容易发生产业链断裂；第二文明态中自由交易导致资源过度供给，超出了需求潜力代偿储备的范围，引发企业间出现零和博弈与负和博弈的竞争踩踏事故，产业链各节点的企业由于资源储备不足导致破产，引发产业网络广泛的持续性崩溃。

无序商业行为降低了产业链的风险抵抗能力，在外界环境出现不利变化的情况下，使产业链断裂的发生率明显增加。那些与产业链互利共生的个体，将会面临严重的生存危机，进而导致社会动乱。无序商业行为可能导致的这种隐患，将从底层破坏社会资源生产和资源分配的正常运行和发展。

显然，自由交易经济就是一种无序商业行为，虽然具有促进产品流通的好处，但放任其自由发展的结果必然是持续引发社会资源生产网络和资源交易网络的破坏和重建，引发大量的资源浪费和个体生存危机，严重扰动文明的健康发展。

因此，社会资源的交易行为必须得到持续性的约束，尽可能消除经济曲线的波动性，延长波动周期，降低波动幅度，才可以得到一条长期持续平缓向上发展的经济曲线，这也是社会管理的目标。

经济周期性波动的根本原因

经济的周期性波动，是自由交易经济的固有特点。在上文分析中，用正弦波函数类比于经济波动周期的基本曲线远远不够不准确，但是这并不重要，其用意在于分析经济周期发生过程中的各种内在变化，从而找到消除经济周期性波动的根本方法。

经济上行阶段，自由交易的经济模式为社会的发展提供了动能，但经济下行阶段，造成了社会发展的停滞与倒退。因此，消除经济周期，需要在充分利用自由交易可以有效提升社会资源供应量这个优势的同时，打断经济上行阶段向经济下行阶段转变的核心条件的形成，即可实现社会经济曲线的长期持续性增长。

由自由交易经济曲线分析可知，经济上行阶段向经济下行阶段转变的根本原因是经济上行期，后正和博弈阶段任意时刻，资源供给增速大于市场需求潜力增速，导致需求潜力代偿储备不断缩小，如下图所示：

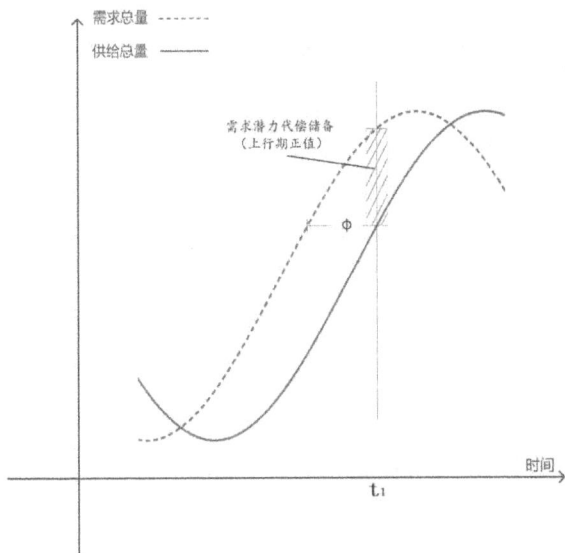

【经济上行阶段需求潜力代偿储备示意图】

在经济波峰期零和博弈阶段，市场需求潜力储备由正向的可代偿，转变为负向的失代偿，由市场由正和博弈转变到零和博弈，再转变到负和博弈，大量企业由于收入无法覆盖成本而退出市场，造成企业间的竞争踩踏事故，此时无序交易过度追求差价的行为导致网络周边节点的破坏，从而出现产业系统的连锁崩溃反应。

同理，经济下行阶段向经济上行阶段转变的

根本原因是市场需求潜力储备由负向的失代偿，转变为正向的可代偿，如下图所示：

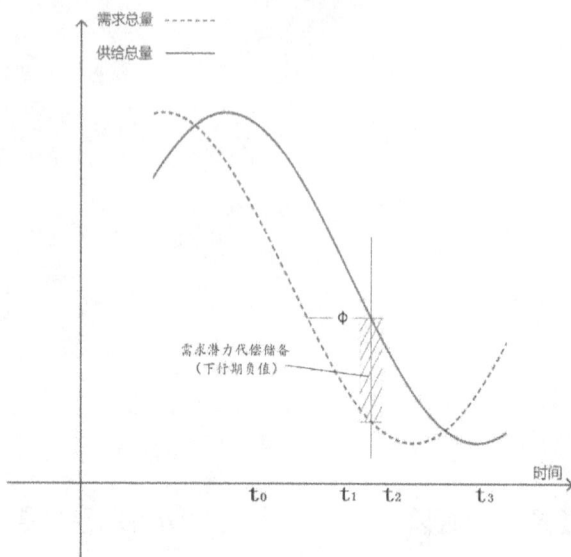

【经济下行阶段需求潜力代偿储备示意图】

因此可以确定，**经济上行阶段向下行阶段转变的核心条件就是需求潜力代偿储备的完全丧失，同理，经济下行阶段向上行阶段转变的核心条件就是需求潜力代偿储备的出现。**需求潜力代偿储备就是某一时刻需求潜力与供给量之间的差值，由这一时刻真实的需求曲线与真实的供给曲

98

线之间的相位差 φ 决定。原因是在真实世界，真实需求曲线与真实供给曲线之间的 φ 值是不断波动变化的。

需求潜力代偿储备的现实含义就是对资源有需求，且有交易能力，但是由于资源供给量不足而未能被满足的需求。需求潜力代偿储备越大，代表在这一时刻的市场最大需求潜力与供给量之间的差值越大，企业几乎不需要竞争，只需要拓展新市场就可以获得更多收益。

消除经济周期性波动的根本方法

保持需求潜力代偿储备的长期稳定增长，即可在保持经济增长的前提下消除经济的波动性。

系统性消除经济周期性波动的具体方法包括：

一、对产业生态系统的成长盈余进行社会分配

在第二文明态，按照文明发展规律的要求，需要将产业生态系统的成长盈余分配给社会个体，才能持续提高社会需求总量、有效扩大需求潜力代偿储备，保持产业生态扩张。

产业生态系统成长盈余分配标准及市场需求潜力代偿储备原理分析如下：

在第二文明态，由于产业生态系统的资源生产能力受到社会有效需求总量的限制，因此社会可提供的有效需求总量就是产业生态系统的资源产出理论极限。

一般情况下，文明物种与产业生态系统可交易资源总量＝文明物种劳动净产出资源＋新型生产者产出的资源。劳动净产出资源＝劳动所得总资源－必要的劳动成本。必要的劳动成本包括物种个体间资源交易的支出、个体生存成本等。因此，劳动净产出资源是指物种个体用于交换新型生产者产品的资源。

在第二文明态，文明物种及新型生产者独立独立生产资源的效率如下图所示：

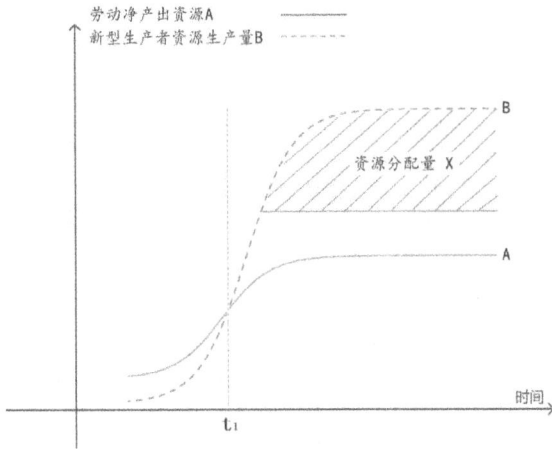

【劳动净产出资源&新型生产者
资源产量示意图】

如上图所示，t₁ 时刻之后，文明物种通过劳动净产出资源，将不能满足新型生产者继续扩张的需求，因此，必须将新型生产者产出的一部分资源分配给社会个体，分配标准 X 应当满足以下条件：

物种劳动净产出资源 A＋资源分配量 X＞新型生产者资源产出效率 B－资源分配量 X

如下图所示：

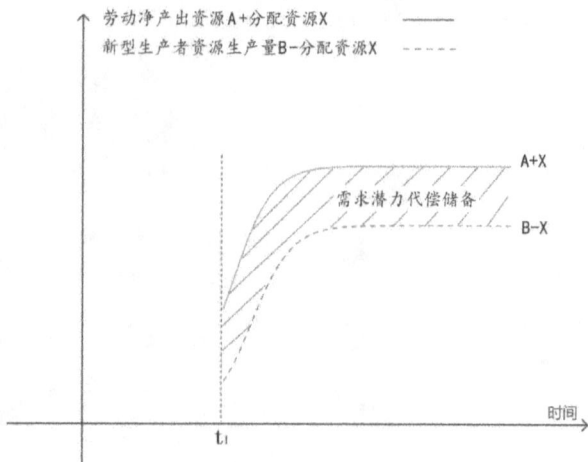

【资源分配后社会个体可交易资源总量&新型生产者资源产量示意图】

由资源分配标准公式可做如下分析：

已知：物种劳动所得净收入资源效率为 A；

新型生产者资源产出效率为 B；资源盈余分配量

为 X，可得资源分配标准公式为：

$$A+X>B-X$$

公式简化，可得：

$$X>（B-A）÷2$$

根据极限思维可知：

- 产业生态系统萌芽阶段，新型生产者资源产出效率无限接近于 0，社会应当将部分劳动所得净收入资源用于发展产业生态系统；

- 当物种劳动所得净收入资源与新型生产者资源产出效率相等时，双方均无需资源补贴；

- 第二文明态中后期，产业生态系统资源生产效率就已经远超物种劳动者，与其相比，文明物种劳动净收入的资源几乎为零（即 $A \approx 0$），产业生态系统至少应当将 50% 的资源产出转移给社会一般个体，才能保证社会具有足够的购买力用于维持当前资源产能：

　　$X >（B-0）/2$，也就是 $50\% \times B$。

　　不止如此，如果考虑产业扩张需求、市场需求短期波动回调、交易成本损耗、资源浪费等因素，产业生态系统应当将更多的资源转移给社会一般个体。

二、优化社会资源分配规则

　　优化社会资源分配规则，缩小贫富差距，优化社会收入结构，降低交易成本，减少极端富有对可交易资源闲置导致的资源流通阻塞浪费，将闲置资源补贴需求端，用于提振消费。

良好的社会收入结构对于文明发展具有重要意义。不仅可以高效扩充需求潜力代偿储备，为社会资源供给量的波动留下缓冲空间，更可以为产业创新留下足够的生存空间，推动技术不断创新和发展。

产业创新在需求潜力储备不足的情况下是不可行的。没有足够的市场需求，创新失败的风险非常大，不仅导致资源浪费，更会进一步削弱传统产业链的资源供给量，引发传统产业链断裂。

良好的社会收入结构表现为：社会一般个体掌握有全社会除生产类资源外，几乎所有的、用于消费交易的资源。

三、控制增长节奏

如果保持市场资源供给量的持续快速上升，扩大需求潜力代偿储备需要补贴买方的资源也成比例快速增长，为社会资源的再分配带来巨大压力，因此控制合理的经济增长速度是非常必要的。

尤其在后正和博弈阶段末期，通过对需求潜力代偿储备进行适度补偿，保证需求曲线持续缓慢增长，同时调整资源供端的资源生产节奏，确保需求代偿储备与资源供应量持续性协同增长。为经济波动留下缓冲空间的同时，也可以为创新产业留下足够的生存和发展空间。

这也就是【需求－供给&博弈状态转换&交易者转换－时间曲线图】中，设计相位差φ值的意义。这个意义就是社会管理系统的信息处理部门在整理与分析出社会资源供应曲线之后，律法制定部门根据经济发展目标，设计下一阶段的需求曲线的标准，目的是为供应曲线的稳健增长提供适度的动力。

四、保护产业网络

通过控制交易盈利，确保产业网络各个节点的正向盈利（同属于一个节点的企业之间依然会有竞争和淘汰）。

五、优化企业管理

提升组织合作对个体的赋能，同时降低企业

运行成本，增强企业盈利储备，增强企业抗风险能力，提升产业生态的多样性和稳定性。

六、优化商业秩序

规范商业行为，引导发展有序商业发展，打击无序商业行为，减少无序商业行为对各个经济微生态的扰动与破坏。

文明的特点

文明，有两个特点：

一、文明三个维度的振动状态深刻影响社会发展

由于文化、制度、经济的波动周期不同，导致三者永远无法达到稳定状态，会不断波动相互影响，永不停息。

其中，文化波动最慢、规则波动频率中等、经济波动最快。因此，一般情况下，三者似乎无法进入一种平衡振动状态，这也是社会管理行为需要持续不断的原因。

但是可以猜想，在某种情况下，文明三个维度可以进入一种**协同共振的状态**：

比如在资源生产环境和社会资源分配规则相适宜的历史时期，往往会出现文化的迅速繁荣、资源分配规则的高频率优化、经济的快速扩展，整个社会迅猛发展。直至多因素影响下导致社会一般个体三观出现较大分化或者成长减缓、不足以支撑更有效资源分配规则的形成时，社会高速发展的状态将被打破。这种社会的高速发展期，就是文明三个维度实现共振的状态。

当然，文明的三个维度也会由于三者的高度不同频，出现**极端的相互撕扯牵拉状态**：

比如极端环境的影响下，社会资源生产系统被破坏，社会出现严重饥荒灾难，在生存威胁下社会文化迅速倒退，一切认知将局限于食物的获取，资源交易规则在短时间内崩溃，经济趋近冰冻，除非社会其它区域有足够的资源代偿能力，否则在这种情况下必定出现巨大的社会灾难。

又比如，由于错误的认知，导致文化三观的倒退，进而撕扯社会资源生产和分配规则，最后摧毁社会经济,这种情况在历史上同样屡见不鲜。

因此，文明三个维度的振动状态深刻影响社会发展。这也就是本章开头部分，将社会有效三观定义为符合文明发展状态的要求，并且自身协调统一，才能称为有效三观的原因。

二、文明具有生态系统的特征

文明的发展必然导致资源的不平衡性，这种不平衡决定了与之匹配的文化和资源分配制度必然是不同的。

一个大型的文明系统，必定可以划分为一定数量的小型文明系统，这些小的文明系统就是整个文明的**微生态系统**。它们之间相互需求、共同组成的**大型文明系统**，又可以称为**文明共生生态系统**。

不同的文明微生态，必定具有与之对应的文化微生态、规则微生态、经济微生态。文明微生态的发展，必须按照自身的节奏发展，才能实现当地文化、规则、经济的协同共振。文化迥异的地区，按照同一个标准制定发展策略，不仅无法实现社会发展，反而可能造成当地文化、制度、经济的撕裂，导致文明微生态的倒退。

文明的兴盛与衰败

文明兴盛与衰败的原因都是一致的，那就是文化、规则、经济，这三个维度的相互作用。

在这个过程中，必定是文化决定规则、规则决定经济、经济决定文化，单一方向的循环，即便是文化战争，也是这一循环的作用。

新的文化概念，传播过程中如果能产生正向经济效益，它就会发生自我强化，争取更多的资源决策权。如果将这种资源决策权通过律法加以保障，它将获得更大的优势，这样的效应不断累加，将使它能够影响、甚至挑战既有的主流文化。这种影响过程就是一个文明的成长过程或者衰败过程。

这个过程可能非常快，这代表着原有制度的倒下与新制度的建立，称之为**革命**。如果新建立的资源分配规则更符合社会发展规律，新的文化将存活甚至兴盛起来；如果不符合社会发展规律，那么它将很快腐朽毁灭。

这个过程也可以非常缓慢，其原因是对原有文化内核产生非刻意的引申和拓展，这个过程会非常缓慢，称为**文化漂变**。

比如集体主义推崇的团结文化有可能就是一种文化内核的漂变结果。在远古时期，面对自然环境，社会个体抱团取暖，通过贡献各自所长，获得更大的生存机会，这种文化称为"协作"。"协作"文化的特点表现为一般情况下成员之间相对独立，但是合作过程中却又高度协同。

但是，假如外界自然环境过于严酷，群体成员就必须通过高度集中的方式，压缩生存成本，用极其有限的资源创造尽可能多的收益，才能有效解决严重且频繁的干旱和洪涝灾害，或其它生存威胁。社会个体为了生存，主动放弃一定程度的独立性，转而趋向于高度依附于集体，由集体对生存资源做统一调配，这好比整个社会长期处于战时状态或灾害应急状态，这种生存策略就是可以被理解的。这样的文化漂变过程，就是自然选择与淘汰过程，只有那些可以帮助族群获得生存机会的文化内核，才能使整个族群得以生存和延续。如果从"协作"到"团结"的文化演变确实是一种非刻意的"漂变"过程，那这意味着"团结"更符合当时社会发展规律的需求。

当然，这种团结文化也可能源自于一次文化革命，比如族群的扩张、人口的增长，为了便于管理，将去中心化"协作"的文化内核逐渐转变中心化的"团结"文化内核；或者通过玩弄"文字游戏"争夺资源分配权，目的是将权力去中心化的资源分配规则转变为权力中心化的资源分配规则，这意味着处于权力中心的个体、或者依附于权力中心的个体，都将获得最优先的资源分配权。虽然对于大多数人来讲无法理解一对近义词的变化如何对社会秩序产生深远影响，但这是真实存在的。

以团结为精神核心的集体主义，有其自身匹配的资源分配制度，其成长与衰退的秘密就藏在如下公式中：

集体效益－集体成本－集体的风险＞个体独

立生存时可获得的资源－个体独立生存成本－个体独立生存风险

因此，集体主义的盛行可以通过六种方式实现：

1. 集体效益的增长；

2. 集体运行成本的降低；

3. 增加集体中成员的保障；

4. 降低个体独立生存时可获得资源；

5. 增加个体独立生存成本；

6. 增加个体独立生存风险。

这六种方式无论选择哪种，只要使上述公式成立，那么集体主义就会存续甚至发展。

与此相反的个人主义正好就是这个公式的反面：

集体效益－集体成本－集体的风险＜个体独立生存时可获得的资源－个体独立生存成本－个体独立生存风险

个体主义的盛行不外乎以下六种原因：

1. 个体从集体中获得的资源不足；

2. 加入集体付出的成本太高；

3. 加入集体的风险太大；

4. 个体独立生存时获得了更多的资源；

5. 个体独立生存时成本很低；

6. 个体独立生存面临的风险很小。

以上六种情况，只要能使上述公式成立，个体就会倾向于脱离集体独自生存。

包括集体主义、个体主义，以及其它任何一种文化内核，都有其适用范围。关键在于需要以第一章中描述的社会发展规律为标准，灵活应用与选择，甚至设计新的文化，否则任何一种文化内核都会随着时间的流逝发生漂变，或者由于社会发展阶段发生改变，使其原有的文化内核不再适合于文明发展规律的要求。

所以真正有效的文化设计，一定是建立在对文明发展规律有足够认知的基础上才能实现的，这就是本书讲述的文明发展规律与文明结构的关系。

本章结尾

本章详细分析了文明的内在结构：文化、规则、经济。在整体上，三者可以相互促进，也可以相互制约。洞察文明的发展规律，理解文明三个维度内在变化的逻辑，是分析和利用其互作关系的基础。

第三章 贫困、奴役、社会发展停滞与倒退

　　这本书的一切思考起源于一个最基本的问题——为何现代社会通过短短数十年发展，就可以让民众生活水平得到如此巨大的提升？这种现象在人类数百万年的进化史上都是非常奇怪的，太突兀、太突然了，所以其中必然出现了本质性的变化。

　　有人说是因为科技。确实，科技发展与这些年人类社会的快速发展阶段是相互重叠的，但无法解释的是，在科技持续发展的过程中，人类社会反复出现经济危机，经济的衰退下滑势不可挡，而经济下滑过程中，科技并不会出现下滑，而且科技除非由于某个文明消亡而导致遗失之外，它绝对不会下滑，只会不断发展，在经济危机中也是如此。由此足以说明，科技对于社会发展，最

多只能算是必要但不充分的条件。而且，现代社会我们看到，科技发展本应该用于提升劳动效率，减轻劳动者工作负担，但现实却是科技发展体现为对劳动者更残酷的剥削、压榨和奴役，比如对劳动者行为的监控、个人休息时间的侵占等。所谓"科学"的中立性，更应当理解为：不仅帮助劳动者提升工作效率，同时帮助管理者更快地挥动奴役的皮鞭，侵犯个人权利。更不用说现代战争中，科技武器为参战方提供更高效的屠杀效果。所以，不敢保证科技能使文明进步，但可以确定的是它必定可以让野蛮更加野蛮。因此，科技革命只是进入第二文明态的敲门砖，如果没有相应的文化和资源分配规则相匹配，文明永远无法真正进入第二文明态。

话题回归。古代的皇帝、富裕的官员、安逸的地主，他们之所以能脱离辛苦劳动的同时还能拥有大量资源的直接原因就是，有人在帮他们干活，帮他们生产资源。现代社会所谓的现金流，同样如此：包括投资公司等待分红、购买房产和商铺收租，用一切资源替自己持续赚钱，这就是现金流。

所以问题就是，人类社会的发展是因为有某种"事物"在替人类生产资源吗？如果有的话，这个"事物"必定能够劳动，而且效率还不错，而且要有足够的规模……那么这个问题的答案出现了，现代化的生产方式集合了高效、低成本、大规模的优势，一个人一天的劳动成果可能超过古代一年，只要现代化产业链安装自动生产的芯片，完全可以自己生产。因此文明第二阶段超越第一阶段的原因就找到了，第三文明阶段人类完全脱离劳动的逻辑也同样可以成立。回过头来分析第一文明阶段，当我们把第一文明态这个缺少科技的阶段得以发展的原因聚焦于劳动工具的改造和多劳多得的时候，就无法顺畅理解第一文明态向第二文明态的转变。所以需要换个角度理解——请问，水稻为人类提供了大量的粮食，是水稻成就了人类生存？还是人类成就了水稻的传播？当我们放弃以自我为中心的思考方式，去考虑对方的时候，才能明白，产业链是有生命的，它一直在努力生存和发展。产业的发展和变迁史，就是人类的文明史。

文明的发展规律已经如此清晰和具体，无论任何生命物种，哪怕它是外星人，只要他们的生命形式必须通过外接环境获得资源，他们的文明就无法逃脱这一规律。

当前世界局势非常紧张，文化的冲突、经济的衰退、核战争的阴霾，人类文明处于一个十字路口：向左走，安静等待经济崩溃，期待下一次复苏，紧接其后后科技的进步，劳动者被科技淘汰，然后是更快更加严重的贫富分化，直至社会暴乱四起，推翻政府、杀光富人，最后推选一个新的英雄登上权力的宝座，然后一切重新开始；向右走，核战争摧毁一切，科技末日、绝对力量的镇压和奴役，然后全人类一起断子绝孙；向前走，前路在何方？这本书就是答案。

这本书中关于文明的发展规律、文明的结构要素、各个要素之间的转化与自身变化机制、怎样进行干预和调控，已经清晰明了到足以让人忘记所谓的东西方世界、所谓的共产主义社会主义和资本主义、所谓的天赋人权、所谓的自由与平等、所谓的独裁与民主、所谓的君权神授、所谓的造物主、所谓的英雄拯救世界。不管你是否愿不愿意，规律就在那里，只有它能决定对和错，任何人、任何群体、任何组织，都无法忤逆它。

中国有句古话，叫做"顺之者昌、逆之者亡"，用在这里再合适不过。

尾章 人类世界大融合的必由之路

第二文明态是战争退出历史舞台的时代。

用于内部矛盾、对外掠夺资源的大规模战争，会逐渐失去存在的意义。首先，社会资源生产已经逐步实现自动化取代人工，资源供应的充足性已经得到保障；然后按照文明三个维度之间的互作关系，调整社会文化三观，保障资源分配制度的优化和执行，就能实现对社会资源需求潜力的有效补充，社会个体强盛的购买力与繁盛的人口，为市场带来庞大的需求，产业生态系统越发繁荣，社会经济长期持续稳定发展。

当政府明白了这本书讲述的规律和社会治理方法，就可以轻易解除经济危机获得民众的持续支持，也就没有必要发动战争；

当社会个体不再面临生存威胁可以自由发展的时候，就不会有人愿意参与战争；

当社会企业不再面临经济危机下的破产风险，可以长期持续盈利的时候，就不会有企业支持战争；

这样，战争就失去了生存的土壤。

然而，这不是一件容易的事。其中，最大的困难在于正确社会三观的建立需要打破糟糕的传统观念：数千年的传统文化与宗教、盲目自信且傲慢的道德取向、对权威不假思索的盲从、零和博弈弱肉强食的固执观念、过度泛化的自由意识、集体主义下的驯化、新旧观念的反复无常，糟糕的文化实在太多了，为社会文化的更新设置了重重阻碍。

这个变革的过程必定是漫长的，这也是文明的结构中，文化维度波动最慢的原因。文化的稳定性在这个急需变革的时代却显得相当顽固。但这是人类未来唯一的希望。

要么，被战争毁灭；要么，开启新的辉煌——这是我们每一个人迫切需要做出的选择。

* 9 7 8 1 6 3 1 8 1 4 9 6 9 *